Erich Beyreuther

Nikolaus Ludwig von Zinzendorf

Selbstzeugnisse und Bilddokumente

Eine Biographie

Mit einer Einführung von Peter Zimmerling

BRUNNEN
VERLAG GIESSEN · BASEL

ABCteam-Bücher erscheinen in folgenden Verlagen:
Aussaat Verlag Neukirchen-Vluyn
R. Brockhaus Verlag Wuppertal und Zürich
Brunnen Verlag Gießen und Basel
Christliches Verlagshaus Stuttgart
Oncken Verlag Wuppertal und Kassel

Die Deutsche Bibliothek – CIP-Einheitsaufnahme:
Ein Titeldatensatz für diese Produktion ist bei
Der Deutschen Bibliothek erhältlich

Die Bilder wurden von der
Europäisch-Festländischen Brüder-Unität
freundlicherweise zur Verfügung gestellt

Umschlaggestaltung: Ralf Simon
Satz: Die Feder GmbH, Wetzlar
Herstellung: St.-Johannis-Druckerei, Lahr
ISBN 3-7655-1191-9

Inhalt

Einführung von Peter Zimmerling

Der Geburtstag Graf Nikolaus Ludwig von Zinzendorfs jährt sich am 26. Mai 2000 zum 300. Male. Das ist Grund genug, an Leben und Werk dieses außergewöhnlichen Mannes zu erinnern. Erich Beyreuther, dessen kurzgefaßte Zinzendorfbiographie hiermit zum dritten Mal erscheint, ist der Altmeister der Zinzendorfforschung. Bei ihm bedeutet die lebenslange Beschäftigung mit dem Grafen keinen Abstieg in eine blutleer gewordene Vergangenheit. Vielmehr zeigen seine Forschungen, daß Leben und Werk Zinzendorfs noch viele unbekannte Impulse für die Gegenwart bereithalten. Diese sind es wert, angesichts der kritischen Anfragen und Herausforderungen an Christentum und Kirche heute neu entdeckt zu werden. Unermüdlich hat Beyreuther die pietistischen Bewegungen der Gegenwart ermutigt, sich vom kirchlichen und gesellschaftlichen Einsatz Zinzendorfs inspirieren zu lassen. Ein wesentliches Ziel Beyreuthers bestand darin, zu zeigen, daß sich bei dem Grafen und im älteren Pietismus insgesamt persönliche Frömmigkeit und wissenschaftliche Theologie nicht feindlich gegenüberstanden, sondern gegenseitig befruchteten und korrigierten. Daneben hat Beyreuther immer wieder auf die Erkenntnis Zinzendorfs hingewiesen, daß persönliche Frömmigkeit und gesellschaftliches Engagement untrennbar zusammengehören. Schließlich unterstrich der Pietismuskenner die Experimentierfreudigkeit des Grafen: Dieser habe neue und ungebahnte Wege eingeschlagen, um das Evangelium nahen und fernen Zeitgenossen glaubwürdig und ansteckend weiterzusagen. Dazu gehörte vor allem die Entdeckung der Mitarbeit von Laien in den Gemeinden unter Einbeziehung der Frauen.

Die Frucht der über 60jährigen Beschäftigung Beyreuthers mit Zinzendorf ist in zahlreichen Veröffentlichungen niedergelegt: dazu gehören eine wissenschaftliche dreibändige Zinzendorf-Biographie, unterschiedliche Studien zu Einzelthemen von Zinzendorfs Theologie und schließlich die Herausgabe der Werke Zinzendorfs im Reprint. Die inzwischen auf fast 60 Bände angewachsene Ausgabe der Schriften Zinzendorfs ist die Einlösung eines schon lange bestehenden Desiderats der internationalen Forschung. Theologen, Historiker und andere Geisteswissenschaftler in Westeuropa, Skandinavien und Nordamerika haben seither unmittelbaren Zugang zu den Originalschriften des Grafen. Die vorliegende Biographie läßt Zinzendorf weithin durch eigene Zeugnisse zum Leser sprechen. Dadurch entsteht ein sehr lebendiges Bild dieses genialen Christen. Beyreuther hat die Gabe, auch sprachlich mitreißend zu schreiben, so daß das Buch zum spannenden Leseabenteuer wird.

Die folgende Einführung will wesentliche Charakteristika von Zinzendorfs Person und Werk hervorheben und dadurch einen leichteren Zugang zu seiner Biographie ermöglichen. Verblüffend ist die dabei zutage tretende Modernität dieses Mannes und seines Denkens. Grund für die ungebrochene Faszinationskraft seines Denkens ist die Ähnlichkeit der Herausforderungen, die damals wie heute das europäische Christentum beschäftigen.

Der Jesusmystiker

Zinzendorf ist als der große Jesusliebende in Theologie- und Kirchengeschichte eingegangen. Viele kennen seinen berühmten Ausspruch: „Ich habe nur eine Passion und die ist ER, nur ER." Die Innigkeit von Zinzendorfs Glaube beruht darauf, daß er schwere Glaubenszweifel stellvertretend für sein ganzes Zeitalter durchlitten hat. Der Graf überwand die seit der Kindheit seinen Glauben bedrohenden Zweifel durch seine Liebe zu Jesus. An dieser Liebe fanden die Zweifel der Vernunft ihre Grenze. Obwohl Zinzendorf den in Jesus nahen Gott ins Zentrum seines Glaubens stellte, bewahrte er doch gleichzeitig lebenslang das Bewußtsein des Abstandes zwischen Geschöpf und Schöpfer. Er konnte seine Glaubenszweifel übrigens nicht ein für allemal überwinden. Noch als älterer Mann berichtet er, daß sie ihn während des Wegs auf die Kanzel belästigten. Erst beim Predigen wären sie vollständig verschwunden.

Wie die anderen Repräsentanten des älteren Pietismus lehnte Zinzendorf eine Konzentration des mystisch geprägten Glaubens auf spektakuläre Geisterfahrungen ab. Statt dessen betonte er die Ausrichtung der Frömmigkeit auf Jesus Christus. Zinzendorfs bekanntestes Lied „Jesu geh voran" atmet in der Originalfassung ganz den Geist einer innigen, von der Mystik geprägten Liebe zu Jesus. „Ordne meinen Gang, Liebster lebenslang: Führst du mich auch rauhe wege, gieb mir auch die nöthge pflege: thu mir nach dem lauf eine thüre auf." Die Mystik half Zinzendorf, Anschauung und Gefühl einen Platz in der Gottesbeziehung zu geben. Gegenüber einer auf Gott, Tugend und Unsterblichkeit reduzierten aufklärerischen Frömmigkeit stellte dies eine notwendige Rückkehr zu biblischen Überzeugungen dar. Auch im Alten und Neuen Testament wird ja der Glaube an Gott nicht mit der Temperierung der Leidenschaften gleichgesetzt. Vielmehr läßt die Beziehung der biblischen Männer und Frauen zu Gott auch Raum für intensive Gefühle der Zuneigung, der Abwehr und des Zorns. Als Zinzendorf vorgeworfen wurde, daß er als Knabe nicht durch intellektuelle Gründe, sondern durch das Gefühl den Atheismus überwunden habe, antwortete er: „Der gottlose Mann springt mit den atheistischen Versuchungen eines Knaben gar leichtsinnig um . . . Der stärkste Grund meines Glaubens als eines Knabens ist gewesen, daß mein Herz und dessen sein Herz, der für mich gestorben ist, ein Herz sei."

Der Graf bemühte sich, in seiner Nachfolge Züge des Lebens Jesu nachzuahmen, und war dazu bereit, auch unkonventionelle Wege zu gehen. Weil Jesus durch Israel gewandert ist, wanderte Zinzendorf durch ganz Europa, ohne einen Wagen zu benutzen. Für den Grafen war das ein echtes Opfer, weil er nach seinem eigenen Bericht die ersten Lebensjahre nur „gedielten" Boden unter die Füße bekommen hatte, also kein geübter Läufer war. Zudem war er kurzsichtig. Nach anstrengenden Fußmärschen war er oft wochenlang krank. Zinzendorf erkannte die Armut als wesentliches Merkmal der Nachfolge Jesu. Trotz seiner Herkunft aus dem Hochadel lebte er deswegen völlig anspruchslos, z. B. was Essen und Kleidung betraf.

Der Beter

Zinzendorfs Frömmigkeit ist wesentlich geprägt vom als Gespräch mit Gott verstandenen Gebet. Er bemühte sich darum – mit Zinzendorfs Worten gesprochen –, alle seine Angelegenheiten mit Jesus „durchzureden". Dazu waren Stille und Zurückgezogenheit nötig. Die Wanderungen kreuz und quer durch Europa dienten nicht zuletzt diesem Gespräch mit Jesus. Außerdem hat der Graf sich immer wieder, tage-, ja wochen- und monatelang aus dem dynamischen Gemeindeleben an geheime Orte zurückgezogen, um in der Stille Gemeinschaft mit dem Auferstandenen zu haben.

Weiteren Aufschluß über Zinzendorfs Auffassung vom Gebet

erlaubt die Beobachtung, daß er die freien Gebetsgemeinschaften in der Brüdergemeine abschaffte. An die Stelle der Gebetsgemeinschaften traten meist von Zinzendorf selbst gedichtete Liturgien und Litaneien, die den Tagzeitengebeten der Brüdergemeine zugrunde lagen. Der Graf war überzeugt, daß keiner im gemeinsamen Gebet so mit Gott sprechen könnte, wie es um der Wahrhaftigkeit willen nötig wäre. Das Gebet war für ihn so sehr ungekünstelter, offener Gesprächsaustausch mit Gott, daß kein dritter Einblick nehmen durfte.

Daß Zinzendorf ein geübter Beter war, zeigt sein bekanntes Ordinationsgebet. In eindrücklicher Weise werden darin alle wesentlichen Charakteristika eines guten Gemeindeleiters zusammengefaßt:

Gib Herr, was du verordnet hast,
was deine Diener haben sollen,
wenn sie dir nützlich werden wollen!
Ein Joch, das unserm Halse paßt,
Geduld und Unerschrockenheit,
das Ruhn und Tun in gleichem Grade
und Beugung bei der höchsten Gnade
und dein Verdienst zum Ehrenkleid.
Ein inniglich vergnügtes Herz,
ein Herz, besprengt mit deinem Blute,
das Nötigste vom Heldenmute,
beim Lieben einen mäßgen Schmerz.
Ein Auge, rein und sonnenklar,
ein treues Ohr für alle Schäden,
gerührte Lippen, recht zu reden,
Gemeinschaft mit der obern Schar.

Der Bibelliebhaber

Wie die anderen Väter des älteren Pietismus betrachtete Zinzendorf die Bibel weniger als Lehrbuch dogmatischer Sätze für Theologen, denn als Lebensbuch für Laien. In einem schier unerschöpflichen Reichtum an Ideen versuchte der Barockpietismus dem einfachen Mann die Bibel nahezubringen. Als „Bibel light" waren Zinzendorfs Losungen vielleicht die originellste Erfindung der pietistischen Bibelbegeisterung. Am 3. Mai 1728 gab der Graf der Gemeinde in Herrnhut zum ersten Mal während der abendlichen Singstunde ein kurzes Wort für den kommenden Tag mit. Von da an wurde es feste Sitte, allabendlich in der Gemeindeversammlung ein kurzes Wort aus der Bibel oder eine Liedzeile zu erklären, die am folgenden Morgen von einem Bruder durch den ganzen Ort von Haus zu Haus getragen wurde. 1731 kam das erste Losungsbuch im Druck heraus und wurde im Lauf der Zeit zum am weitesten verbreiteten Andachtsbuch des Protestantismus. Die Losungen waren nicht als Erbauungswort zur Pflege der eigenen Frömmigkeit gedacht, sondern als Ermunterung, als Parole im Kampf gegen die lebenszerstörerischen Mächte dieser Welt. Zinzendorf wollte mit ihnen das Wort der Bibel in den Lebensalltag der Gemeinde hineinbringen. Die Losungen hatten die Aufgabe, in das Gesamtverständnis der Heiligen Schrift einzuführen. Die Brüdergemeine sollte an ihnen die Stimme Jesu Christi vernehmen lernen. Dieser pädagogischen Aufgabe dienten auch spezielle Losungsausgaben für Kinder und Jugendliche in kleinem Buchformat und für Studierende in den Ursprachen.

Zinzendorfs Bibelfrömmigkeit war nicht blind gegenüber den Fragen der einsetzenden Bibelkritik. Er hat die Ergebnisse der kritischen Bibelauslegung in der Brüdergemeine öffentlich diskutiert. Ausgangspunkt seiner Überlegungen war die Erkenntnis, daß sich die Göttlichkeit der Schrift nicht rational beweisen ließ, wie es die lutherische Orthodoxie glaubte. Zinzendorf meinte freimütig, daß die Bibel das Buch mit den meisten Fehlern wäre. Gerade diese Tatsache sprach in seinen Augen für ihre Göttlichkeit: Gott hatte es nicht nötig gehabt, wie ein anderer Autor die Fehler nachzubessern. Seine Botschaft wirkte paradoxerweise gerade durch äußerliche Irrtümer hindurch. Darum kann sie ein Mensch auch nicht aus eigener Vernunft und Kraft geistlich verstehen. Gott selbst muß dem Leser durch seinen Geist ihr Verständnis öffnen. Zinzendorf entdeckte damit Luthers reformatorisches Schriftverständnis wieder. Weil Gottes Wort in der Heiligen Schrift in Windeln und Stroh eingewickelt ist, kann nur der Heilige Geist das Verständnis der inneren Klarheit der Schrift schenken.

Der theologische Autodidakt

Der ältere Pietismus entdeckte den mündigen Laien und den Wert seiner Mitarbeit in der christlichen Gemeinde und überwand wenigstens ansatzweise die protestantische Pastorenkirche in Richtung auf mehr Mitsprache und Teilhabe aller am Gemeindeleben. Der Mündigkeit der Laien entsprach die Möglichkeit zum persönlichen Bibelstudium durch die Herstellung billiger Bibeldrucke und die Einrichtung von Bibelbesprechstunden, sogenannten *Collegia pietatis*. Auch Zinzendorf ist von Haus aus Laie gewesen. Allerdings eignete er sich bereits während seines Jurastudiums in Wittenberg autodidaktisch eine umfassende theologische Bildung an. Später wurde er, ohne je Theologie studiert zu haben, sogar zum Pfarrer ordiniert. Heute wird der Graf als die originellste und bedeutendste christliche Persönlichkeit betrachtet, die das 18. Jahrhundert hervorgebracht hat.

Als theologischer Autodidakt öffnete der Graf der Kirche und Theologie seiner Zeit in mehrfacher Hinsicht Türen in die Zukunft. Da er kein Fachtheologe war, konnte er leichter die gewohnten, ausgetretenen Denkwege verlassen. 1729 sprach der vom halleschen Pietismus geprägte Pfarrer Mischke Zinzendorf die Bekehrung und damit das Christsein ab. Für die Schüler und Nachfolger August Hermann Franckes war die Bekehrung nämlich nur dann echt, wenn ihr ein Bußkampf mit Tränen der Reue über die eigene Schuld vorausging. Zinzendorf jedoch, der aus einer pietistischen Familie stammte und in den Glauben hineingewachsen war, widerfuhr kein solches Bekehrungserlebnis. In der nun folgenden Auseinandersetzung mit den pietistischen Theologen aus Halle erkannte er, daß nicht der Bußkampf, sondern der Glaube an den Erlösungstod Jesu Christi das entscheidende Kriterium des Christseins war. Anknüpfend an Luthers reformatorischer Erkenntnis wurde in der Brüdergemeine die durch Christus geschenkte Vergebung zur alleinigen Heilsbedingung. Anstelle der halleschen Bekehrungsmethodik mit Bußkampf und Heiligungsstreben trat der „kurze Prozeß“ der Begnadigung des Menschen durch Jesus Christus. Im Blick auf die Wunden Jesu erkennt der Mensch seine Verlorenheit vor Gott und gleichzeitig das Angebot von Gottes Gnade in Jesus Christus.

Die Auseinandersetzung mit Mischke führte Zinzendorf zu einer Erkenntnis, die schlagartig die Konzentration der Bekehrung auf den Bußkampf überwand und für viele junge Menschen, die in einer vom halleschen Pietismus geprägten Frömmigkeit aufgewachsen waren, eine religiöse Befreiung bedeutete. Der Graf benutzte dabei die reformatorische Rechtfertigungslehre als Auslegungsschlüssel für die

Geschichte vom Gebetskampf Jesu in Gethsemane (Markus 14, 32–42): Damals hat Jesus stellvertretend für alle den Bußkampf mit Tränen durchlitten. Seitdem ist es nicht mehr nötig, daß irgend jemand diesen Kampf selbst durchleiden muß.

Aber nicht nur in der Auseinandersetzung mit Halle stößt Zinzendorf bisher verschlossene Türen auf. Der ältere Pietismus war bereits durch Francke eine ökumenisch ausgerichtete Bewegung geworden, die sich für die Einheit der Christenheit einsetzte. Erstmals seit der Reformationszeit wurden wieder Verbindungen zu Männern und Frauen außerhalb der evangelischen Landeskirchen geknüpft: Man suchte Gemeinschaft mit Kindern Gottes über die Grenzen der eigenen Konfession hinaus. Zinzendorf gehörte zu den ökumenischen Pionieren des älteren Pietismus. Er war nach Karl Barth „vielleicht . . . der erste echte, d. h. ganz von der Sache aus denkende und redende Ökumeniker". Der Graf war zeitlebens ökumenisch engagiert, und zwar auf dem Gebiet des ökumenischen Dialogs, der Organisation ökumenischer Konferenzen und der Entfaltung einer ökumenischen Ekklesiologie und Liturgik. Der Graf kannte keinerlei Berührungsängste. In allen Konfessionen entdeckte er Menschen, die Jesus liebten. Sein Einsatz für die Einheit der Christen, die er von Jesus geboten sah, stellte einen wesentlichen Teil seiner Lebensarbeit dar. Bereits während seiner Bildungsreise trat er 1719 in einen ökumenischen Dialog mit engagierten französischen Katholiken ein, von denen Kardinal de Noailles von Paris für ihn zum hervorragenden Gesprächspartner wurde. Später suchte er immer wieder das Gespräch mit Separatisten, den sogenannten Inspirierten, vor allem in den 40er Jahren, als in der Wetterau die neue Brüdergemeine Herrnhaag entstand. Bei seinem zweiten Amerikaaufenthalt lud er 1742 in Pennsylvanien zu den ersten ökumenischen Konferenzen im Rahmen des Protestantismus ein und versuchte, die zerstrittenen evangelischen Gruppen zusammenzubringen. Der Graf gab auch die ersten ökumenischen Gesangbücher heraus: Dazu gehörten das „Litaneyen-Büchlein" der Brüderunität und das in den 50er Jahren entstandene Londoner Gesangbuch. Erstmals wurden darin bewußt Lieder aus allen Konfessionen aufgenommen.

Zinzendorfs primäres ökumenisches Praxisfeld bildete die Herrnhuter Brüdergemeine selbst. Sie stellte ein im 18. Jahrhundert einzigartiges Ökumenikum dar. Da sich von Anfang an Menschen aus unterschiedlichen Konfessionen und mit verschiedener geistlicher Prägung in den Ortsgemeinen zusammenfanden, war die Frage nach ökumenischer Toleranz gestellt. Je länger je mehr nahm der Graf den Konfessionen gegenüber eine positive Haltung ein. Da keine Konfession die ganze Wahrheit besitzt, menschliches Erkennen immer Stückwerk bleibt, hat jede Konfession von Gott ihr „Kleinod" anvertraut bekommen, von dem die anderen lernen können. Gerade in der Vielheit und Mannigfaltigkeit der Konfessionen liegt die Schönheit der einen unsichtbaren Kirche, die in ihnen wie ein Kristall in verschiedenen Farben funkelt.

Einer der originellsten und zugleich umstrittensten theologischen Gedanken Zinzendorfs stellte seine Erkenntnis vom Mutteramt des Heiligen Geistes dar. Die Rede vom Mutteramt sollte biblische Aussagen veranschaulichen helfen, die Gott auch weibliche Eigenschaften zuschreiben (vgl. bes. Jes. 49, 14ff; 66, 13). Zinzendorf erkannte richtig, daß der christliche Vatergott für die Bibel kein „maskulines Prinzip" war. Folgerichtig redete er im Zusammenhang mit der Dreieinigkeit von Gottes Mütterlichkeit. In diesem Sinn entpatriarchalisierte der Graf den traditionellen christlichen Gottesbegriff. Paul Schütz spricht zu Recht von Zinzendorf als dem „einsamen Erinnerer an die mütterliche Person in Gott in der nachreformatorischen Zeit". Mit der Erkenntnis des Mutteramtes des Heiligen Geistes begründete der Graf die verantwortliche Mitarbeit der Frau in der Brüdergemeine. Er bedauerte, daß nicht eine Frau, sondern er als Mann das Mutteramt des Heiligen Geistes in der Brüdergemeine bekannt gemacht hatte.

Leider konnte Zinzendorf zur damaligen Zeit nicht auf die Schultheologie und damit auf die Gesamtkirche einwirken, sondern erfuhr gerade an dieser Stelle heftigen und erbitterten Widerstand. Dieser Widerspruch war verständlich, weil die Rede vom Mutteramt des Heiligen Geistes mißverständlich blieb. Ungut war vor allem die Konzentration des Weiblichen auf eine einzige Person der Dreieinigkeit. Damit wurde unvermeidlich einer Sexualisierung der Gottesvorstellung Vorschub geleistet. Der Graf wehrte sich zwar entschieden gegen solche Vorwürfe und betonte, mit der Bezeichnung des Heiligen Geistes als Mutter keinerlei geschlechtliche Vorstellungen zu verbinden. Nach dem biblischen Zeugnis trägt aber die Trinität als Ganzes väterliche und mütterliche Züge (vgl. Jes 49, 14ff; 66, 13; Mt 23, 37). Andeutungsweise berücksichtigte Zinzendorf das, wenn er vom Heiligen Geist als Gebärer und Erzeuger sprach. Wäre dies von ihm deutlicher zum Ausdruck gebracht worden, hätten sich viele sexistische

Deutungen, die seine Rede von der göttlichen Familie als Vater, Mutter und Sohn hervorriefen, erübrigt.

Der Ehemann und Vorkämpfer für die Rechte der Frau

Im Ehekontrakt Zinzendorfs mit seiner Frau Erdmuthe Dorothea war festgelegt worden, daß die beiden Eheleute eine „Streiterehe" führen wollten. Das beinhaltete die Verpflichtung, der Arbeit für das Reich Gottes einen höheren Stellenwert als dem Familienleben einzuräumen. Erdmuthe bejahte diese Verpflichtung voll. Als Ortsherrschaft von Herrnhut und Berthelsdorf übte sie im alten Herrnhut wesentliche öffentliche Funktionen aus. Vor allem aber war sie für die Finanzen der expandierenden Brüdergemeine verantwortlich. Zinzendorf äußerte sich in der Öffentlichkeit mehrfach anerkennend über das Wirken seiner Frau, zuletzt in einer Würdigung zwei Tage nach ihrem Tod 1756: „Ich war von Herzen ihr erster Untertan, davon hat sie täglich Proben gehabt ... ein ordinärer [gewöhnlicher] Mann ist des Weibes Haupt, sobald sie aber einen aparten Charakter und Sache für sich selbst auf sich hat, so muß sie solche selbst verantworten. Das ist mein Prinzip. In der Welt denkt man freilich anders. Ich habe es meiner Gräfin seit fünfundzwanzig Jahren gesagt, daß sie der Gemeine Mutter und Fürstin wird."

Dabei zeigen seine Reden, vor allen die sogenannten Ehechor-Reden, aber auch seine zweite Ehe mit Anna Nitschmann, daß Zinzendorfs Frauenbild nicht einheitlich war. Idealtypus der Frau scheint für den Grafen die anschmiegsame, begeisterungsfähige Tochter gewesen zu sein, die ihm die Ideen von den Augen ablas und sie dann auch verwirklichte. Diesem Typus entsprach Anna Nitschmann zumindest in ihren jungen Jahren. In Erdmuthe war ihm jedoch eine Ehefrau an die Seite gestellt worden, die viel zu selbständig war, um diesem Idealtypus einer Frau entsprechen zu können. Zinzendorf hat die Größe besessen, ihr den nötigen Freiraum zu gewähren und zu erkennen, daß gerade Erdmuthe die Frau darstellte, die für die Aufbauphase der Brüdergemeine unerläßlich war. Für ihre Beziehung traf zu, was der Graf wie folgt ausdrückte: „Die Ehefrau ist Mitgenossin und Mitgehilfin. Das ist eine Sozietät, wie sie zwischen einem König und einer Königin ist, zwischen einem Fürsten und einer Fürstin." Nicht zuletzt aufgrund des Vorbilds des Grafenpaares kam es in der Brüdergemeine zu einer

Demokratisierung aristokratischer Lebensformen und in deren Gefolge zu einer gesellschaftlichen und kirchlichen Gleichstellung der Frau.

Zum ersten Mal seit der Reformationszeit wurde in der Brüdergemeine die urchristliche Stellung und Rolle der Frau wiederentdeckt und diese Entdeckung im Gemeindeleben auch praktisch umgesetzt. Zinzendorf stand dabei keine Gleichmacherei der Geschlechter vor Augen. Ihm war die Besonderheit der Frau und die Bedeutung ihrer Begabungen für das Gemeindeleben deutlich geworden. Konsequenterweise kämpfte er dafür, daß sie diese auch einbringen konnte.

Bereits in der Frühzeit Herrnhuts bekamen die Frauen eine eigene Ämterordnung. Damit wurde den Frauen eine Fülle von Betätigungsfeldern eröffnet, was gesellschaftlich und kirchlich etwas völlig Neues darstellte. Die Frau wurde endgültig von ihrer Beschränkung auf Haus und Familie befreit. Im Verlauf der Zeit ging die Frauenarbeit sogar ganz in weibliche Hände über. Um in den Gemeindeversammlungen die Belange der weiblichen Gemeindegruppen zu vertreten, erhielten Frauen dort Sitz und Stimme. Selbst in den gemeindeleitenden Gremien wirkten sie mit. Als die Brüdergemeine in den 40er Jahren des 18. Jahrhunderts kirchlich selbständig und außerhalb Sachsens Freikirche geworden war, traten die Frauen noch stärker hervor. Mit Ausnahme des Bischofsamtes waren sämtliche Ämter auch Frauen zugänglich. Die expandierende Diasporaarbeit und Missionstätigkeit der Brüdergemeine erforderte eine Vielzahl von Mitarbeitern und Mitarbeiterinnen. In den ersten Jahrzehnten Herrnhuts wurden selbst ledige Frauen zum Reisedienst in die Diaspora entsandt, eine Aufgabe, die öffentliche Redetätigkeit mit einschloß.

Die Hochschätzung der Frau durch Zinzendorf wirkte sich bis in die in der Brüdergemeine gebräuchliche Sprache hinein aus. So wurde bei den Amtsbezeichnungen auf weibliche Wortformen geachtet, auch wenn das umständlich klang und schwer zu sprechen war. Die Brüdergemeine kannte „Ältestinnen", ja sogar „Oberältestinnen". Der Graf hatte beobachtet, daß im Neuen Testament fast nur die Brüder angeredet wurden. In einer Rede begründete er, warum die Brüdergemeine anders verfuhr. Es war für Zinzendorf ihre jüdische Denkweise, die die Apostel hinter die Stellung Jesu zur Frau zurückfallen ließ. „Die Apostel . . . haben sich . . . nach damaliger Art nicht überwinden können, die Schwestern anzureden. Das kam von einem gewissen alttestamentlichen Gang her, in dem die Differenz der Schwestern und

Brüder aufs höchste getrieben war, davon man in den Judenschulen noch heutzutage etwas ähnliches sieht. Es war, als wenn der ganze Gottesdienst nur auf die Brüder kalkuliert wäre und die Schwestern fast nur von der Seite dazuträten."

Der Seelsorger

Zinzendorf war einer der großen Seelsorger der neueren Kirchengeschichte. Als christliche Experimentalsiedlung war die Brüdergemeine stärker auf Seelsorge angewiesen als andere Gemeinden. Die Gemeinde zeichnete sich dadurch aus, daß sie Wege ging, die neu und ungenormt waren. Häufig wechselnde Arbeitsfelder stellten für jeden Mitarbeiter fortwährend neue Herausforderungen dar.

Zwei Gedanken standen beherrschend im Zentrum von Zinzendorfs Überlegungen zur Seelsorge: Die Erkenntnis der menschlichen Individualität und die der menschlichen Entwicklungsstufen. Weil Christus sich in jedem Menschen in anderer Weise verkörpert, muß jedem Menschen in der Seelsorge auf besondere Art begegnet werden: „Eine jede Seele muß königlich erzogen werden, daß man sagen kann, wie von den Ratsherren in Rom: Es sind lauter Könige." Der Graf hat aber nicht nur die menschliche Unterschiedlichkeit, sondern auch die Bedeutung der menschlichen Entwicklung für den Glauben erkannt. Er lehrt darum, die schöpfungsmäßige Eigenart des Kindes zu achten und zu lieben: „Kinder sind kleine Majestäten." Der Seelsorger darf das Kind oder den Jugendlichen nicht überfordern, sondern muß ihm seiner Auffassungsgabe entsprechend begegnen.

Aus der Fülle von seelsorgerlichen Institutionen, die Zinzendorf in der Brüdergemeine geschaffen hat, sei die der sogenannten „Banden" herausgegriffen. Es handelte sich dabei um freiwillige Zusammenschlüsse von fünf bis zehn Personen. Die Mitglieder einer „Bande" verpflichteten sich, offen und ehrlich alle Dinge des Glaubens und Lebens miteinander zu besprechen, um einander auf diese Weise in der Nachfolge zu ermutigen. Keiner sollte vor dem anderen eine Maske tragen müssen. Eine solche Offenheit und Ehrlichkeit bedeutete eine große Entlastung. Gerade in einer Atmosphäre hochgespannter Frömmigkeit ist das Abgleiten in die Heuchelei nicht fern. Um eines Ideals willen verbirgt oder beschönigt man leicht die eigene beschämende Realität. In der „Bande" dagegen bekannte man ganz offen Anfechtungen jeder Art. Zinzendorf beschrieb die „Banden“ als geistliche Freundesvereinigungen. Niemand sollte zu irgendwelchen Erklärungen gezwungen werden, aber jeder sollte, wenn er das wollte, mit völliger Offenheit von sich selbst erzählen können. Die „Banden“ trugen dazu bei, daß es in der Brüdergemeine keine Einsamen und Vergessenen gab. Das Ende der „Banden“ war gekommen, als das Vertrauen der Teilnehmer untereinander schwand. „Beim ersten Stich ist die Bande aus“, meinte der Graf.

Zinzendorf warnte immer wieder vor einem falschen Vertrauen in die Machbarkeit der Seelsorge. Seelsorge war für ihn Nacharbeit des Heiligen Geistes. Häufig dachte der Graf über den rechten Zeitpunkt eines seelsorgerlichen Gespräches nach. Er verlangte vom Seelsorger eine fast übermenschliche Geduld, bevor er über geistliche Dinge reden durfte: „Wenn man Zeit hat, so sind zwanzig Jahre nicht zuviel, einer Person nachzugehen und ihr kein Wort zu sagen und doch den rechten Moment gleich zu ergreifen.“ Allein der Heilige Geist lehrt die Kunst, zur rechten Zeit ein geistliches Wort zu sagen. Wenn es noch nicht so weit war, sprach der Seelsorger besser über Alltäglichkeiten, um beim Gesprächspartner keine Aversionen gegen religiöse Dinge zu wecken: „Man tut besser, man redet mit den Leuten von der Kaiserwahl und anderen Sachen, wenn sie nicht präpariert sind.“

Seelsorge darf nicht zu einer religiösen Leistung verkommen. Nur wer für die eigene Seele angemessen sorgt, ist auch in der Lage, für einen anderen Menschen seelsorgerliche Verantwortung zu übernehmen: „Ein Zeuge sein ist recht gut, aber sein eignes Gefühl, seine eigene Gnade und Seligkeit verplaudern und unterdessen, daß man andere Leute herzuruft, seine eigene Erfahrung negligiren [verleugnen], über dem Ausfließen selbst vertrocknen und sich so ausschöpfen lassen, wie man einen Brunnen austrocknet, daß nichts mehr da ist, das geht unmöglich an.“

Der Pädagoge

Als Leiter einer weltweiten christlichen Gemeinschaft wurde Zinzendorf zu einem herausragenden Erzieher. Er leitete seine für das 18. Jahrhundert geradezu revolutionären Erziehungsgrundsätze aus dem Verhalten Gottes gegenüber den Menschen ab. Weil der Heilige Geist ein langmütiges Herz, ein „Mutterherz“ hat, der diejenigen, die ihm nicht gehorchen, nicht mit dem Tode bestraft, sondern ihnen in Geduld nachgeht, forderte er, in der Brüdergemeine nach Möglichkeit auf die Prügelstrafe zu verzichten. „Unsere neueste Methode ist seine alte Art, Kinder zu ziehen ohne Schlag, wenns möglich ist, den Kindern nachwarten, den Kindern nachgehen, sie über hundert Dinge nicht strafen, damit wenn er sie einmal über dem hundert und ersten straft, sie gewiß wissen, sie habens verdient, und mit ihrer Zucht zufrieden und selig dabei sind."

Ein weiterer damals revolutionärer Erziehungsgrundsatz war Zinzendorfs Forderung nach Kindgemäßheit erzieherischer Maßnahmen. Diesen Grundsatz entdeckte er aufgrund vieler seelsorgerlicher Gespräche, in denen ihm die Eigenart jedes Lebensalters und die ihm entsprechenden Erfahrungen und Einsichten aufgingen.

Auch mit der Einführung von Sexualerziehung und Eheberatung ging Zinzendorf ungebahnte Wege. Über keine pädagogische Einzelfrage dachte der Graf so viel nach wie über die Sexualerziehung. Das hing damit zusammen, daß im Pietismus von jeher die sexuellen Sünden besonders streng verurteilt wurden, man von der kirchlichen Tradition her sogar dahin neigte, die Sexualität an sich als sündhaft zu betrachten. Naturgemäß führte diese Auffassung zu vielen seelischen Konflikten. Die Sexualpädagogik des Grafen brach völlig mit den herkömmlichen Anschauungen. Die offene und natürliche Behandlung der Sexualität sollte an die Stelle der allgemein geübten heuchlerischen Verschämtheit treten. Zinzendorf begründete sein Vorgehen mit dem Menschsein Jesu Christi. Weil Gottes Sohn und seine Mutter Maria, die ihn gebar, die menschlichen Geschlechtsorgane an sich trugen, sind sie geheiligt und gehören zu den verehrungswürdigsten Teilen des menschlichen Körpers. „Der Satz bleibt fest: a) Alle Glieder die Jesus an seinem heiligen Leibe getragen und b) alle Glieder, die Jesum getragen, die sind teilhaftig der Ehre und des Respektes des Jesus, der sie getragen, der sie genossen, sie berührt und drin gewohnt hat."

Dabei hielt Zinzendorf an einem von der Bibel geforderten verantwortlichen Umgang mit der Sexualität fest. Dazu war nach seiner Überzeugung eine rechtzeitige sexuelle Aufklärung nötig. Die Kinder sollten möglichst bald über Zeugung und Geburt Bescheid wissen und es als etwas Natürliches und Ehrwürdiges behandeln. Dabei verstand der Graf die sexuelle Aufklärung nicht als einen einmaligen und einseitigen Vorgang. Zur Aufklärung durch die Erzieher sollte das vertrauensvolle Fragen von seiten der Kinder und Jugendlichen treten.

Weil in der Pubertät sexuelle Probleme besonders brennend sind, muß der Jugendliche die Möglichkeit haben, sich mit ihnen an jemanden wenden zu können. Zinzendorf sagte zu den Knaben: „Sie sollten nach dem Vorbild des Heilands lernen, nützliche Fragen zu tun; sie hätten Gelegenheit mit ihren Arbeitern [Seelsorgern] allein unter vier Augen zu sein und auf simpelsten Fragen herzliche und genugsame Antwort zu kriegen ..." Anders als bei vielen modernen sexualethischen Konzeptionen stand bei Zinzendorf keine abstrakte, vor allem auf die körperlichen Vorgänge orientierte Aufklärung im Vordergrund. Diese sollte vielmehr aus dem unerläßlichen Vertrauensverhältnis zwischen Lehrern und Schülern erwachsen.

Der Dichter

Von Zinzendorf sind mehr als zweitausend Lieder erhalten. Neben den Losungen trugen vor allem seine Lieder dazu bei, daß er bis heute in der christlichen Gemeinde bekannt blieb. Wer kennt nicht „Jesu geh voran" oder „Herz und Herz vereint zusammen". Dabei waren es zwei Gründe, die den Grafen zu einem der großen Liederdichter der Christenheit werden ließen. Zum einen war dies begründet in seiner sprachschöpferischen Kraft. Davon legen im vorliegenden Buch die entsprechenden Aussagen eines Lessing, eines Goethe und eines Herder Zeugnis ab. Zum anderen erkannte der Graf, daß geistliche Wahrheiten sich auf keine andere Weise so tief ins Herz eines Menschen einsenken als auf dem Weg des Liedes. „Eine lebendige Gemeine muß sich immer alle Tage zusammendenken und reden und beten und singen."

Zinzendorfs Lieder gingen sehr häufig als Gelegenheitsgedichte aus dem Leben der Gemeinde hervor. Die Brüdergemeine bildete das Praxisfeld des dichtenden Grafen. Von vielen Liedern Zinzendorfs kennen wir den Anlaß ihrer Entstehung. Beispielsweise dichtete er das folgende Lied über die Wanderschaft 1732, als seine Ausweisung aus dem Kurfürstentum Sachsen drohte (Brüdergesangbuch Nr. 376, 1):

Die Wanderschaft in dieser Zeit
hat manche rauhe Wege,
und dem nur, der sich Jesus weiht,
gezeigte Friedensstege.

Da stärket unser lieber Herr,
der Herr voll Gnad und Liebe,
durch guten Weg dem Wanderer
die mattgewordnen Triebe.

Eine Besonderheit Zinzendorfs bestand darin, daß er während der Versammlungen aus der Situation heraus neue Lieder schuf, die er der Gemeinde unmittelbar vorsagte, damit sie diese mitsingen konnte. Die Lieder des Grafen waren außerordentlich volkstümlich. Jedes Mitglied der Brüdergemeine hatte für jede Lebenslage einen Vers, eine Strophe von Zinzendorf zur Hand. Die neuen Lieder der Brüdergemeine bildeten die geistliche Grundverpflegung der Gemeindeglieder.

Folgende kleine Erzählung wirft ein helles Licht auf diesen Sachverhalt: Gottlieb Israel, ein gehbehinderter Weber aus Eibau bei Herrnhut, fuhr mit einem anderen Mitglied der Brüdergemeine nach Westindien, um dort Missionar zu werden. Unterwegs geriet das Schiff in Seenot. Der Gefährte wurde vor den Augen Gottlieb Israels von den Wellen verschlungen. Dieser aber klammerte sich an eine Klippe, wo er, in beständiger Gefahr, von den Wellen hinweggespült zu werden, solange aushielt, bis man ihn rettete. Später hat ihn Zinzendorf einmal gefragt: „Was hast du denn da auf der Klippe gemacht?" „Ich habe", war die Antwort, „unseren Ledige-Brüder-Vers gesungen: Ihr Mauerzerbrecher, wo sieht man euch? Die Felsen, die Löcher, die wilden Sträuch, die Inseln der Heiden, die tobenden Wellen sind eure von alters verordneten Stellen."

Zinzendorf hat übrigens nicht nur selbst gedichtet, sondern auch Dichterwettbewerbe veranstaltet, in denen Gemeindeglieder dazu ermutigt wurden, eigene Dichtungen vorzulegen.

Der Gemeindeleiter

Der weitaus größte Teil von Zinzendorfs Tätigkeit könnte mit dem modernen Wort „Gemeindeaufbau" bzw. „Gemeindegründung" beschrieben werden. Wie die beiden Brennpunkte einer Ellipse bildeten Jesus Christus und die Gemeinde die Schwerpunkte seines Denkens. Zu einem späteren Mitarbeiter äußerte Zinzendorf: „Ich statuiere kein Christentum ohne Gemeinschaft." Der Graf war wie Luther der Überzeugung, daß Gott die Kirche gestiftet hat, damit kein Christ allein gegen den Teufel kämpfen muß. Wie wichtig Zinzendorf die Gemeinschaft der Christen war, läßt auch seine Feststellung erkennen, daß die Kirche der einzige Beweis gegen den Unglauben ist.

Bei allem Verlangen nach Gemeinschaft sprach Zinzendorf jedoch auch nüchtern von ihren Gefahren. Keine christliche Gemeinschaft darf von ihren Gliedern vergötzt werden. Eine lebendige Gemeinde birgt zudem die Gefahr in sich, daß der Einzelne sein privates Glaubensleben darüber vernachlässigt und nicht mehr zur persönlichen Stille vor Gott kommt. Darum forderte Zinzendorf entschieden ein ausgewogenes Verhältnis zwischen gemeinsamem und einsamem Tag (Dietrich Bonhoeffer). „Aus der Gemeinschaft wird nichts solides bis die individua [Einzelnen] erst mit sich selber richtig sind."

Die besondere Aufgabe der Brüdergemeine bestand für ihn darin, die zum großen Teil erstarrten Staatskirchen Europas mit der Botschaft von Jesus Christus zu „durchsauren". Ihm war bewußt, daß sie diese Aufgabe nur dann erfüllen konnte, wenn es ihr erlaubt blieb, Teil der jeweiligen Staatskirchen zu sein und gleichzeitig ihre besondere Ordnung beizubehalten. Zinzendorfs Überlegungen zur Rolle der Brüdergemeine weisen verblüffende Ähnlichkeiten mit der Bedeutung der freien Werke innerhalb der evangelischen Kirche heute auf. Wie er wußten auch ihre Gründer und Gründerinnen sich von Gott dazu berufen, akute Nöte dort zu lindern, wo die Großkirche aus verschiedenen Gründen daran gehindert war, aktiv zu werden.

Zinzendorf lehrt, den Blick auf die gesamte Kirchengeschichte zu richten: Bereits vor der Reformation gab es solche Aufbrüche, z. B. in den mittelalterlichen Bettelorden. Die Großkirche tut gut daran, nicht achtlos oder gar ablehnend an diesen neuen Aufbrüchen vorüberzugehen. Daneben kann der Graf den modernen „Glaubenswerken" zu einer realistischen Selbsteinschätzung verhelfen: Nur wenn sie ihre Aufgabe als Dienst an Kirche und Gesellschaft verstehen, erfüllen sie ihren eigentlichen Auftrag.

Der Städtegründer

Daß Zinzendorf auch Städtegründer war, ist weniger bekannt. Bei seinem Tod gab es brüderische Ortsgemeinden auf allen damals bekannten Kontinenten. Zinzendorf war der Überzeugung, daß die Brüdergemeine ihrer Bestimmung nur dann treu bleiben konnte, wenn sie in eigenen Siedlungen zusammenwohnte. Damit die Brüdergemeine ihren Auftrag, Licht und Salz für Kirche und Welt zu sein, erfüllen konnte, brauchte sie eigene Orte der Zurüstung zum Dienst. „Wenn wir nicht über unserem Grundplan halten, kommen wir nicht durch; er muß unveränderlich sein und bleiben; bei dem müssen wir leben und sterben und uns keinen Schein davon abwendig machen lassen." Mustersiedlung wurde Herrnhaag in der Wetterau, nördlich von Frankfurt. Wer heute vor den beiden letzten noch erhaltenen Häusern steht, kann nur erahnen, daß hier die stilbildende Siedlungsform der Brüdergemeine erstmals verwirklicht wurde.

Architektur ist immer Ausdruck des Geistes, der eine bestimmte Kulturepoche prägt. Man denke nur an die verschiedenen Stilarten des Abendlandes, von Romanik über Gotik, Renaissance, Barock bis zur Moderne. Seitdem die auf Gott bezogene Weltsicht Alt-Europas, spätestens mit der Aufklärung, von einer auf den Menschen bezogenen Sichtweise abgelöst wurde, prägte nicht mehr der christliche Glaube die Gestalt der Bauten. Damit rückte auch die Kirche aus dem Zentrum des Bauinteresses. Das zeigte sich in klassischer Weise an der Anlage der barocken Residenzstätte West- und Mitteleuropas. An die Stelle der Kirche trat das Schloss des absoluten Fürsten. Genau in dieser Zeit entstanden die Brüdergemeinsiedlungen.

Die Anlage des Herrnhaag erinnerte an die Gestaltung kleiner barocker Residenzstädte. Trotzdem bestanden tiefgreifende Unterschiede. In den gleichzeitig angelegten barocken Residenzstädten waren die Achsen auf das herrschaftliche Schloß ausgerichtet, den Fluchtpunkt, auf den alle Straßen zuliefen. Nicht so auf dem Herrnhaag: Zentrum der Siedlung war der sogenannte „Platz" mit dem Brunnenhaus in der Mitte, um den herum sich die Chorhäuser und kleineren Familienhäuser gruppierten. Dieser „Platz" symbolisierte Jesus Christus als den unsichtbaren Mittelpunkt der Gemeine. Ihm verdankte die Gemeine ihr Dasein. Das sollte auch städtebaulich zum Ausdruck kommen.

Obwohl nicht mehr klar zu erkennen ist, auf wen der Plan für die Anlage des Herrnhaag zurückgeht, ist doch zu vermuten, dass Zinzendorf selbst wichtige Anregungen gab. Da der Graf vom Neuen Testament her erkannt hatte, daß Gemeinde untrennbar mit der Gemeinschaft aller Gläubigen zusammenhängt, wurde Gemeinschaft das entscheidende Stichwort brüderischer Architektur. Entsprechend symbolisierte der Grundriß des Herrnhaag nicht menschliche Herrschaft, sondern Gemeinschaft, konzentriert auf eine unsichtbare Mitte hin. In Jesus Christus hatte man diese Mitte gefunden. Ihm wollte man gehorchen und in seinem Auftrag den Menschen dienen. Daß Gemeinschaft das entscheidende Stichwort brüderischer Architektur war, zeigte nicht nur die Gesamtanlage des Ortes, sondern auch der Grundriß des Kirchensaales, das Raumprogramm der Chorhäuser, die Gestaltung der Gartenanlagen und des Friedhofs. Wenn Besucher Brüdergemeinsiedlungen in aller Welt besuchen, immer werden sie den gleichen Grundriß wiederfinden: Sei es Bethlehem in Pennsylvanien, Christiansfeld in Dänemark oder Königsfeld im Schwarzwald.

Der Weltreisende

Johann Gottfried von Herder hat Zinzendorf als einen Eroberer bezeichnet, wie es im 18. Jahrhundert wenige gegeben hat, weil er sich rühmen konnte, in aller Welt Gemeinen und Anhänger zu besitzen. Tatsächlich umfaßte Zinzendorfs Wirksamkeit die ganze Welt. Die Zeittafel am Ende des vorliegenden Buches zeigt, daß er ständig unterwegs war. Die Reisen kreuz und quer durch Europa erinnern an die Heimatlosigkeit Jesu Christi. Ganz bewußt verstand der Graf seine eigene Ausweisung aus Sachsen als Anteilhabe am Geschick Jesu Christi. Seine Reisen führten Zinzendorf von Rußland nach England, von Dänemark bis in die Schweiz und nach Mittel- und Nordamerika. Zinzendorf war einer der ersten Mitglieder des europäischen Hochadels, der die Neue Welt selbst bereiste. In Amerika ging ihm etwas von der menschlichen und räumlichen Weite dieses Kontinents auf. Er erkannte dessen unbegrenzte Möglichkeiten. Damals lernte er auch das neue Kirchensystem Nordamerikas kennen, das nicht länger von Staatskirchen, sondern von Freikirchen geprägt wurde.

Ausgelöst wurde die Reise nach Mittelamerika im Jahr 1738 zu den ersten Missionsgebieten der Brüdergemeine durch den Vorwurf von Gegnern, daß er seine eigenen Mitarbeiter in den Tod schickte und selbst im sicheren Europa blieb. Außerdem war ihm zu Ohren gekommen, daß die Missionsarbeit durch die Feindschaft der weißen Plantagenbesitzer bedroht war. Zur damaligen Zeit stellte die Seereise nach Amerika ein großes Wagnis dar. Ein Drittel der Schiffe ging bei der

Überfahrt unter. Zinzendorf kam gerade rechtzeitig auf den westindischen Inseln an, um die in die Krise geratene Missionstätigkeit der Brüder zu retten. Ihre Botschaft hatte unter den schwarzen Sklaven Eingang gefunden, was den Haß der weißen Plantagenbesitzer erregte. Sie befürchteten zu Recht, daß sie auf Dauer ihren christlich gewordenen Sklaven nicht mehr in der gleichen unmenschlichen Weise wie bisher würden begegnen können. Die Brüdergemeine hat mit ihrer Missionstätigkeit die Sklavenbefreiung vorbereitet, indem sie den Sklaven ihre menschliche Würde zurückgab.

Kurze Zeit später, 1741, ist Zinzendorf auch nach Nordamerika gereist, u. a. um dort die brüderische Missionsarbeit unter den Indianern zu visitieren. An der Stelle, wo er in einem Stall mit den Missionaren das Weihnachtsfest beging, wurde die neue Brüdergemeine Bethlehem gegründet. Heute ist Bethlehem in Pennsylvania eine große Industriestadt. Damals lag sie mitten im Indianergebiet. Zinzendorf besuchte von dort aus die Irokesen, den bedeutendsten Indianerstamm an der Ostküste Amerikas, und bereitete durch sein Auftreten den Weg für die spätere Missionsarbeit unter ihnen. Wir hörten schon, daß er in Pennsylvania auch die ersten ökumenischen Konferenzen der Neuzeit abhielt. Schließlich war es auch ihm zu verdanken, daß die deutschen Lutheraner Nordamerikas nicht untergingen, sondern von Europa aus Prediger und Lehrer bekamen. Damit überwand das Luthertum mit Zinzendorfs Hilfe die Beschränkung auf Europa und wurde zu einer Konfession mit weltweiter Ausdehnung.

Ich hoffe, daß in der Einleitung deutlich wurde: Zinzendorf war ein genialer Christ, der dem Glauben im Zeitalter der Aufklärung Türen in ungeahnte geistige und geographische Räume aufzustoßen vermochte. Wir dürfen gespannt darauf sein, welche Person sich hinter einem solchen Lebenswerk verbirgt.

Ich war ein Zinzendorf!

„Nikolaus Ludwig, Graf und Herr von Zinzendorf und Pottendorf, Herr der Herrschaften Freydeck, Schöneck, Thürnstein und des Tals Wachau, auch Erblehn- und Gerichtsherr der Güter Ober-, Mittel- und Nieder-Bertholdsdorf samt Herrnhut; der Römisch-Kaiserlichen Majestät Obrist-Erblandjägermeister im Herzogtum Österreich unter der Enns, Ihro Majestät des Königs August II. in Polen bei dero Kursächsischer Landesregierung ehemaliger Hof- und Justizrat ist es, **den ich meine**", sagte August Gottlieb Spangenberg.

Er wurde am 26. Mai 1700 in Dresden geboren. Sein Vater war der kursächsische Geheime Rat und Minister Reichsgraf Georg Ludwig von Zinzendorf und Pottendorf. Zu seinen Taufpaten zählte dieser einzige Sohn aus der zweiten Ehe des Vaters die Kurfürstinnen von Sachsen und von der Pfalz. Seine Wiege stand in der Welt des Hochadels.

Nikolaus Ludwig Reichsgraf von Zinzendorf. Ölgemälde ca. 1748.

Ein österreichisches Adelsgeschlecht in kursächsischen Diensten? Seit dem Anfang des 12. Jahrhunderts waren die Zinzendorfs in der Ostmark ansässig. Sie gehörten zum ältesten Adel in Niederösterreich. Als Ritter und Feldherrn, Hofleute und Politiker haben sie in all den Jahrhunderten österreichischer Geschichte eine führende Rolle gespielt. In den Schlachten gegen die Türken holten sie sich ihre Lorbeeren. Durch Blutsverwandtschaft waren sie mit den uralten welfischen, staufischen und karolingischen Grafenfamilien vielfach verbunden.

Sie hätten auf ihren alten Stammgütern, die nahe bei Wien lagen, bleiben können, obwohl das Geschlecht der Zinzendorfs in der Reformationszeit lutherisch geworden war. Denn das hinderte selbst nach dem Ausgang des Dreißigjährigen Krieges, der die habsburgischen Länder rekatholisierte, Kaiser Leopold nicht, im Jahre 1662 den Freiherrn Otto Heinrich von Zinzendorf, den Urgroßvater, in den Reichsgrafenstand zu erheben. Damit trat dieses uralte Geschlecht unter die Standesherren fürstlichen Ranges. Mit den gekrönten Häuptern Europas konnte es nunmehr wie mit seinesgleichen verkehren.

Einem der beiden Söhne des lutherischen Otto Heinrich von Zinzendorf wurde der neue Glanz am Kaiserhof zu Wien zu versucherisch. Er trat zur katholischen Kirche über, seine beiden Töchter nahmen den Schleier. Maximilian Erasmus, der andere Sohn, blieb standhaft und zog die Konsequenzen. Im Jahre 1663, ein Jahr nach der Erhebung in den erblichen Reichsgrafenstand, siedelte er in das evangelische Franken über. Vertrieben hat ihn niemand, auch der Kaiser nicht. Im Friedensvertrag zu Osnabrück und Münster 1648 war im 5. Artikel dem Adel Niederösterreichs und Schlesiens volle Religionsfreiheit zugestanden worden.

So ganz erfreulich war diese Sonderstellung des lutherischen Adels in Niederösterreich nicht. Die lutherischen Gutsuntertanen wurden zwangskatholisiert. Die lutherischen Pfarrer der zinzendorfischen Herrschaften mußten außer Landes gehen. Nicht einmal eine evangelische Dienerschaft wurde auf den Schlössern geduldet. So verkaufte der dreißigjährige Reichsgraf seine Güter, verließ die angestammte Heimat, verzichtete auf Glanz und Ehren des Kaiserhofes und erwarb sich innerhalb des Territoriums der freien Reichsstadt Nürnberg den kleinen Adelssitz Oberbürg. Im festgeschlossenen Kreis der österreichischen Adelsfamilien und im fränkischen Adel fanden die Zinzendorfs Halt und Stütze.

Die älteste Tochter des „Reichsgrafen ohne Amt“, Margarethe Susanne, und die beiden Söhne Otto Christian und Georg Ludwig zogen nach dessen frühen Tod weiter nach Kursachsen, dem mächtigsten lutherischen Territorium, dem Stammland der Reformation. Die „schöne Susi“, von bestrickendem Charme, wohnte im Hause ihres Onkels, des Oberhofmarschalls von Haugwitz in Dresden.

Der als Türkensieger berühmt gewordene sächsische Kurfürst Johann Georg III. verliebte sich in die schöne Komtesse von Zinzendorf und erwählte sie zu seiner Favoritin. Über zehn Jahre, bis zum Tod dieses Kurfürsten, nahm die „schöne Susi“ eine Vorzugsstellung am Dresdner Hof ein, überreich von dem in sie vernarrten Kurfürsten beschenkt und verwöhnt. Sie hat offensichtlich ihren beiden Brüdern den Weg gebahnt.

Otto Christian von Zinzendorf wurde Soldat. In kursächsischen Diensten stieg er bis zum Generalfeldzeugmeister auf. Drei Kurfürsten diente er nacheinander. Am Hofe des prachtliebenden Kurfürsten August des Starken scheint er sich ausgesprochen wohl gefühlt zu haben. Bei den imposanten Schaustellungen höfischer Pracht, bei den Umzügen und Maskeraden war er immer beteiligt. Einmal ritt er inmitten eines solchen Aufzuges als Apollo vor dem Wagen der Mätresse Aurora von Königsmarck, der Göttin der Morgenröte, die ihre leibliche Schönheit den Schaulustigen fast unverhüllt darbot.

Auch der junge Georg Ludwig von Zinzendorf erfuhr früh die Gunst der sächsischen Kurfürsten. Mit 25 Jahren vertrat er dieses nach Habsburg mächtigste und angesehenste deutsche Fürstentum in der Kaiserstadt Wien als kurfürstlicher Geheimer Rat und Gesandter. Man holte ihn bald in die Regierung zurück. Auch hier vollzog sich eine überraschend schnelle Karriere eines hochgebildeten, charakterstarken und kenntnisreichen Juristen und Diplomaten, den die Kurfürsten in ihm fanden.

In der Welt höfischen Glanzes und höfischer Leichtfertigkeit war der Minister Georg Ludwig von Zinzendorf im Unterschied zu seiner Schwester und seinem Bruder nicht zu finden. In ihm lebte die ganze Glaubensglut seiner Väter. Die Begegnung mit dem Dresdner Oberhofprediger Philipp Jakob Spener, dem geistigen Führer des Pietismus, war für ihn wohl entscheidend gewesen. Er gehörte nunmehr zu dieser kirchlichen Reformpartei. Mit den anderen pietistisch gestimmten Adeligen bildete er an dem sittenlosen Hof, der genug Skandale bot, eine Mauer der Treue, Unbestechlichkeit und Zuverlässigkeit.

Das wurde offenbar, als der geldhungrige Kurfürst August der Starke vor 1700 scharfe Kassenrevisionen bei allen Staatsdienern anstellen ließ. Wenn nicht der aufgescheuchte Adel dem Kurfürsten eine Million Goldgulden hingezählt hätte, wären böse Unterschlagungen zutage gekommen. Völlig unangefochten blieben bei den unerbittlichen Untersuchungen nur Georg Ludwig von Zinzendorf und sein Schwiegervater Nicol von Gersdorf. Man wußte in der Staatsverwaltung schon, was man an den mit dem pietistischen Oberhofprediger Spener befreundeten Adeligen besaß.

So glücklich wie seine Karriere verlief das private Leben des Ministers nicht. Nach elfjähriger Ehe verlor er seine erste Lebensgefährtin und stand mit zwei unmündigen Kindern verlassen da. Siebzehn Monate später, 1699, vermählte er sich mit der vierundzwanzigjährigen Freiin Charlotte Justine von Gersdorf. Damit trat er in engste Beziehung zu der einflußreichen und weitverzweigten Oberlausitzer Familie von Gersdorf.

Charlotte Justine von Gersdorf war hochgebildet. Sie beherrschte mehrere Sprachen, las ihre Bibel in den Ursprachen, sie dichtete, pflegte Musik und kannte sich in der Literatur aus. Die junge mütterliche Frau, feinfühlig, ja überzart und grüblerisch, eine ängstliche Natur, konnte ihrem Gatten nur ein kurzes Glück schenken. Schon senkten sich die Schatten einer tödlichen Krankheit auf den Minister.

Er wurde lungenkrank. Zehn Wochen nach der Geburt seines Sohnes beendete am 9. Juli 1700 ein Blutsturz das Leben des achtunddreißigjährigen Vaters. Noch einmal hatte sich der Sterbende sein neugeborenes Söhnlein zeigen lassen, um es zu segnen. Dann ließ er sich sein Lieblingslied „O Haupt voll Blut und Wunden“ singen.

Den Todestag seines Vaters hat Nikolaus Ludwig von Zinzendorf sein Leben hindurch still begangen. Im Bild seines Vaters verdichtete sich ihm Erbe und Vermächtnis seines österreichischen Geschlechtes. Es war ihm wie eine Art „Heerpaß“. Er hat sich nie als Kursachse gefühlt! Das alles klingt in einem seiner Gelegenheitslieder nach:

Ich war ein Zinzendorf, die sind nicht lebenswert,
Wenn sie ihr Leben nicht zu rechten Sachen brauchen:
Drum hat die Sorge mich beinahe ganz verzehrt,
Zu früh, und ohne Nutz der Erden, auszuhauchen.
Nun hieß ich gar ein Christ, verdoppeltes Gesetz!

Die Christen dürfen nicht verbrennen ohne leuchten.
Der Glaube, der nichts tut, ist ein verdammt Geschwätz.

In die Hausbibel schrieb die Mutter unter das Geburtsdatum ihres Sohnes mit klaren Schriftzügen: „26. 5. 1700, Mittwoch abends gegen sechs Uhr hat der allerhöchste Gott mich in Dresden mit meinem Sohne Nikolaus Ludwig in Gnaden beschenkt, welcher aber nach sechs Wochen zur vaterlosen Waise geworden, da mein herzliebster Gemahl, dessen Herr Vater, der selige Graf von Zinzendorf, mir von der Seite gerissen worden. Der Vater der Barmherzigkeit regiere dieses Kindes Herz, daß er in den Wegen der Tugend aufrichtig einhergehe. Er lasse kein Unrecht über ihn herrschen und seinen Gang gewiß sein in seinem Wort: so wird es ihm an keinem Guten hier zeitlich und dort ewiglich fehlen, sondern er wird in der Tat erfahren, was der König aller Könige und der Herr aller Herren von sich sagt: Ich bin der Waisen Vater."

Viel später setzte der junge Zinzendorf dahinter sein Wort: *factum est!* – „Das ist geschehen!" Reichtümer hinterließ der viel zu früh heimgegangene Vater seinen Kindern nicht. Der Generalfeldzeugmeister von Zinzendorf, sein Bruder, übernahm die beiden Kinder aus dessen erster Ehe, da er selbst kinderlos verheiratet war. Vormund wurde er über alle drei Kinder.

Die junge Witwe kehrte in ihr elterliches Haus, in die Familie des Geheimen Ratsdirektors und Landvogts der Oberlausitz, des Freiherrn Nicol von Gersdorf und dessen Gemahlin, Henriette Katharina, geborene von Friesen, zurück. In diesem charakterfesten Kreis hochbegabter, aufrechter Christen sollte der kleine „Lutz" aufwachsen. Dieses Geschlecht lebte inmitten einer Zeit, in der französische Glätte und Leichtlebigkeit die große Versuchung darstellten, ihren eigenen lebenstüchtigen, weltoffenen Stil.

Väterliches und mütterliches Erbe wurde ihm zuteil. „Es läßt sich vielleicht mit aller Vorsicht sagen: Der Zug ins Große, die Heiterkeit der Seele, die Kunst der Menschenführung im Umgang mit Hoch und Niedrig, das Selbstbewußtsein gekrönten Häuptern gegenüber, mit einem Wort, sein hochadeliges Wesen sind österreichisch, während das mütterliche Erbe ihm den Blick in die Tiefe gegeben hat" (Gerhard Meyer).

Den geschicktesten Händen übergeben

Von Stund an nahm meine Großmutter mich zu sich und hat zehn Jahre lang mich als einen Augapfel bewahrt. Wortwörtlich darf man diesen Ausspruch Zinzendorfs nicht nehmen. Bis zu seinem vierten Lebensjahr betreute ihn seine eigene leibliche Mutter. Doch als sie 1704 den preußischen Generalfeldmarschall von Natzmer heiratete und mit nach Berlin übersiedelte, übergab sie den kleinen „Lutz" ihrer eigenen Mutter.

Seit dem Jahre 1703 lebte die Familie von Gersdorf – der Geheime Ratsdirektor Nicol von Gersdorf war 1702 gestorben – auf dem Wasserschloß Großhennersdorf in der Oberlausitz. Hier empfing der heranwachsende Bub seine ersten bleibenden Eindrücke.

Seine Großmutter, die Landvögtin Henriette Katharina von Gersdorf, geborene von Friesen, war eine großherzige und geniale Frau aus alteingesessenem und hochangesehenem kursächsischen Adel. Gegenüber den heiter-unbefangenen altösterreichischen Adelssippen waren die kursächsischen schwerlebiger, ernster, verhaltener. Doch stand das Geschlecht der Friesen den anderen aristokratischen Familien weit voran.

Henriette Katharina Freifrau von Gersdorf, geb. von Friesen (1648–1726).

Die Friesen besaßen nicht allein in der kursächsischen Regierung einen bestimmenden Einfluß. Sie waren durch die Weite ihrer Bildung berühmt. Es war selbstverständlich, daß die Friesen in ihrer Jugend durch ganz Europa kamen, die europäischen Hauptsprachen beherrschten und – das war außergewöhnlich – ihre Bibel in den Ursprachen lasen. Die „gelehrte Friesin", die Landvögtin, bildete keine Ausnahme. Sie sang, sie malte, sie dichtete, sie sprach Französisch und Italienisch, beherrschte die alten Sprachen und lernte Hebräisch, Chaldäisch und Syrisch. Mit Universitätslehrern, auch mit dem berühmten Philosophen Leibniz, führte sie einen lateinischen Briefwechsel. Dabei verstand sie es, ihre drei Standesherrschaften als Witwe tadellos und umsichtig zu verwalten.

Sie besaß Mut, Urteilskraft, eine innere und äußere Unabhängigkeit. An Schwierigkeiten jeder Art hat es in ihrem Leben nicht gemangelt. Ihr Schwiegersohn, der Generalfeldmarschall von Natzmer, half ihr aus der unverschuldeten Gefahr eines Konkurses. Ihr Leben lang hatte sie mit quälenden Kopfschmerzen zu kämpfen, die sie nur zeitweise verließen. In den Liedern, die sie schuf, klingt vieles an, was sie in kummervollen Stunden durchkämpfen mußte.

Mein Beten ist voll zweifelnder Gedanken;
Wenngleich dein Wort und Trost erschallt,
So ist und bleibt mein Glauben doch voll Wanken,
Mein Herze scheinet tot und kalt.
Es ist so voller Angst und Zagen
Und in sich selbst verwirrt.
Ich kann kaum mich selbst vertragen,
So gar ist mir mein Sinn verwirrt.

Sie wurde eine Bahnbrecherin der höheren Mädchenschulbildung und hat die ersten Schulgründungen veranlaßt oder unterstützt. Sie nahm sich der sorbischen Bevölkerung in der Oberlausitz an und förderte die ersten Bibeldrucke in dieser slawischen Sprache für das kleine Volk der Sorben. Sie gründete für Kinder des schlesischen Adels, die in einer katholischen Umgebung besonders gefährdet waren, eine Hilfsklasse, um sie in dem berühmten evangelischen Pädagogium in Halle erziehen zu lassen. Als der katholisch gewordene Kurfürst und „König in Polen" August der Starke 1698 verbot, in Sachsen flüchtigen und übertrittswilligen Katholiken aus den habsburgischen Ländern Unterschlupf zu gewähren, respektierte die Großmutter des kleinen Lutz dieses Verbot nicht. Sie half diesen Menschen, die aus inneren und äußeren Bedrängnissen zu ihr kamen, unentwegt weiter und sorgte dafür, daß sie in Brandenburg-Preußen Aufnahme fanden.

Nirgends war bei ihr eine Enge zu spüren. Sie hat dem berühmten Hallenser, dem Pfarrer und Professor August Hermann Francke, dem Gründer des Halleschen Waisenhauses, dessen Werk damals Weltruf erlangte, mit ihren beiden Schwägern über die Anfangsschwierigkeiten hinweggeholfen. Für die neue europäische Grundstimmung, für die Toleranz, ist die Landvögtin, wo sie es nur konnte, entschieden eingetreten. Sie bewirkte es vor dem Kaiser, daß den evangelischen Deffereggern ihre fünfzehnhundert Kinder wieder zugeführt wurden, die ihnen der Erzbischof von Salzburg bei der Austreibung widerrechtlich vorenthalten hatte.

Dabei nahm sie nicht einseitig für die pietistische Reformpartei innerhalb der evangelischen Kirche Partei. *Sie war eine Mittlerin zwischen den sogenannten Orthodoxen und Pietisten und wurde von beiden fast gleich admirieret* (verehrt), berichtete später Zinzendorf von ihr. Sie ließ sich nicht abhalten, auch das „gefährliche" Schrifttum der Schwärmer und Kirchenkritiker zu lesen. Eine heimliche Liebe scheint sie für Jakob Böhme gehegt zu haben. *Sie hatte viel Anschein zu mehrerem Licht, als ihre Zeit noch ertragen konnte und war deswegen sehr behutsam, sich darinnen auszugeben.*

Dieser außerordentlichen Frau schreibt Zinzendorf alles zu, was sein eigenes Leben in den letzten Grundzügen bestimmt hat. *Ich habe meine Prinzipien von ihr her. Wenn sie nicht gewesen wäre,* so *wäre unsere ganze Sache nicht zustande gekommen. Sie war eine Person, der alles in der Welt anlag, was den Heiland interessierte. Sie wußte keinen Unterschied zwischen der katholischen, lutherischen und reformierten Religion, sondern was Herz hatte und an sie kam, das war ihr Nächster.*

Die Landvögtin hat den kleinen Lutz erzogen. Dabei besaß sie nicht viel Zeit für den heranwachsenden Knaben. *Denn meine Großmama war bekanntermaßen so erstaunlich in weltliche Sachen und Geschichten vermischt, daß sie den ganzen Tag nicht ausging, und da habe ich freilich nicht viel gesehen und gehört als äußerliche Weltsachen, als wenn sie abends zu Bett ging.*

Im Wasserschloß zu Großhennersdorf verfügte man nicht über weite Zimmerfluchten, die Räumlichkeiten waren bei der ständigen

Anwesenheit zahlreicher Gäste überbelegt. So schlief der kleine Lutz bei seiner Großmutter: *Meine nahe Bekanntschaft mit dem Heilande kommt daher, daß ich zehn Jahre in meiner Großmutter, der Landvögtin von Gersdorf, eigenem Kabinett in Hennersdorf bin erzogen worden. Da habe ich sie mit dem Heiland reden hören über Sachen, die ich freilich nicht alle verstand, habe aber doch daraus geschlossen, daß der gemeinschaftliche Gottesdienst draußen und im Hause nicht alles sei für die Person, bei der ich wohnte, sondern daß sie unendlich mehr allein mit ihrem Herrn zu tun hatte.* Und dann bekennt der Enkel: *Was ist ihr ganzer Lauf, ihre beste Kunst gewesen? Beten, glauben, stille sein und auf Gottes Wink weder Kreuz noch Arbeit scheuen.*

Die eigentliche Erziehung der im Wasserschloß zu Großhennersdorf heranwachsenden Enkel und Neffen der Landvögtin oblag den Hauslehrern. Man zog weite Erkundigungen ein, ehe man sie berief. Häufig wechselten sie, denn das Hauslehrerdasein galt als eine Übergangsstellung vor Antritt eines Schulamtes bzw. eines Pfarramtes.

Der kleine Lutz war unruhig, oft war seine Wildheit schwer zu bändigen. Er konnte ungezogen, trotzig und vorlaut sein. Früh zeigte sich sein glänzendes Gedächtnis, doch die hervorstechende Sprachbegabung des Friesischen Geschlechtes fehlte. Erst nach mühseligen Anläufen erlernte er fremde Sprachen, die er dann freilich gut beherrschte. Mit vier Jahren lernte er die biblische Geschichte. Früh begann der Unterricht in Weltgeschichte. Dazu gehörten die Stammbäume, die Genealogien, die bereits der Knabe liebte. Erst mit sechs Jahren fing der Leseunterricht an, *welches schwer herging. Sodann begriff ich das Schreiben bald, mit den Sprachen ging's schwer zu.*

Die Grundprinzipien der Erziehung gab die Großmutter. Die Erziehung zur Ehrfurcht und zum unbedingten Respekt vor jeder Autorität stand voran. Das Kind mußte mit seinem Hauslehrer zurechtkommen. Ein Glied des Adels, der zum Herrschen berufen war, mußte erst Gehorsam lernen und auch unter schwierigen Umständen bewähren. Berechtigte Klagen eines Kindes wurden nicht abgeschnitten, doch war man durchaus nicht wehleidig veranlagt. *Sobald die Kinder merken, daß die Eltern ihre Knechte und Mägde werden, so werden sie so gut wie kleine Teufelchen,* äußerte Zinzendorf im Rückblick auf seine Kindheit.

Die Landvögtin war Respektsperson. Sie konnte mit den Blicken strafen. Das Äußerste war, daß sie einem renitenten Kind im Haus mit einem Strohhalm drohte. Bei Tisch brauchte sie nur die Gabel aufzuheben, so verstanden es die Kinder, ohne daß die ganze Haus- und Tischgesellschaft etwas davon merkte.

Ein Kind mußte auch auf Wünsche verzichten lernen. Übung in Selbstbeherrschung und in Anspruchslosigkeit gehörte dazu. „Kuchen- und Milchwerk" rechnete man zu dem „Genäsche", welches nur an Festtagen auf die Tafel kam.

Nicht an letzter Stelle stand die Pflicht zu absoluter Aufrichtigkeit und Wahrheitsliebe. Der kleine Lutz lernte früh, nichts zu verbergen und sich rückhaltlos auszusprechen. Tante Henriette, die jüngste Schwester seiner Mutter, selbst noch ein halbes Kind, wurde die erste Vertraute des Kindes.

So blieb die Landvögtin doch die Hauptperson in seiner Erziehung. Sie hat das Kind sich entfalten lassen, ohne es ständig zu gängeln. In seinen vorlauten Äußerungen erkannte sie etwas von der Selbständigkeit seines Urteils. Seine hohe Begabung entging ihr nicht. Sie schonte verständnisvoll die sichtbar werdenden Anlagen dieses Kindes.

Die Stille des Landlebens mit seinem steten Wechsel von Saat und Ernte war für das sensible, allen Reizen und Eindrücken offene Kind ein Segen. Die langen und strengen Winter in der rauhen Oberlausitz begünstigten eine innere und äußere Geschlossenheit im Leben des Schlosses. Täglich nahm man sich ausreichend Zeit zur Morgen- und Abendandacht der Hausgemeinde. Es wurde viel gesungen, unermüdlich musiziert. An den Sonn- und Festtagen saß man inmitten der Dorfbevölkerung im Gotteshaus.

Es herrschte eine gesunde, durchaus nicht überhitzte religiöse Atmosphäre. Leben und Gesinnung klangen ineinander. Auch der kleine Zinzendorf wuchs unbefangen auf. Frühe religiöse Äußerungen liegen von ihm zahlreich vor. Wie nüchtern die ganze Atmosphäre im Schloß war, zeigt das Erlebnis des achtjährigen Knaben. Sein neuer Hauslehrer, ein junger Jurist, muß den Unterricht etwas anders aufgezogen haben als seine Vorgänger, die Theologiekandidaten waren. Der neue nüchterne Stil reizte den Knaben zur Opposition. Kritisches Fragen setzte ein. *Ich habe von meiner Kindheit an gemerkt, daß mir der liebe Gott ein fast gleiches Maß der Vernunft und der Einbildungskraft verliehen hat.*

Er fand in einer Nacht keinen Schlaf, weil ihn der Zweifel an Gott erfaßt hatte. Wenn er auch ein geniales und hellsichtiges Kind war, war das doch ungewöhnlich. In seiner Umgebung ist kein Zweifel an ihn herangetragen worden, auch nicht von dem neuen und nüchternen Jurastudenten. Zinzendorf meinte nach Jahren, diese Zweifel seien aus ihm selbst herausgebrochen. Doch die Zweifel lagen in der Luft. Und der Knabe muß es geahnt haben, daß seine Generation im besonderen vom Gotteszweifel angefochten werden sollte.

Es zerbrach damals ein altes, frommes Weltbild. Man lernte wie nie zuvor die Weiten des Weltalls kennen. Die Gesetze der höheren Mathematik wurden entdeckt. Man lernte die Sternenbahnen nachrechnen. Man erlebte ganz unmittelbar den Triumph, daß man wenigstens rechnerisch, mathematisch in das Weltreich vorzubrechen vermochte. Was verstand doch der Mensch! Darüber zerbrach die Geborgenheit eines schlichten Glaubens, wie eben ein Kind glaubt, das über Sternen, Sonnen und Monden den himmlischen Vater wohnen weiß, der von oben segnend herabblickt.

Die große Glaubenskrise brach über Europa auf. In einer grenzenlos gewordenen Welt verlor im aufziehenden Zeitalter des Individualismus und der Vereinzelung das vereinsamte Ich den bisher selbstverständlichen Glauben an den allwaltenden Gott, der die Geschicke der Völker wie des einzelnen lenkt.

Das bildete die Anfechtung bei einem achtjährigen Knaben in einer schlaflosen Nacht. *Ich lag in meinem achten Jahre eine Nacht lang ohne Schlaf und kam durch ein altes Lied, welches meine Großfrau-Mutter vor ihrem Schlafengehen gesungen, in eine Meditation, aus derselben ging ein tiefes Spekulieren, und dieses ging so weit, daß mir auf das letzte Hören und Sehen verging.*

Wenn die Sternenwelt nach ehernen Gesetzen in ihre Bahnen gezwungen worden ist, die sich mathematisch nachrechnen lassen, wenn schließlich alles im Zwang der Kausalität eingespannt ist, wozu bedarf es dann noch des Gebetes mit der Zuversicht, daß Gott ganz unmittelbar eingreifen kann? Gleicht das Weltall nicht einem Wecker, der – einmal in Gang gesetzt – nun abläuft, solange das Triebwerk durch die Feder in Bewegung gehalten wird? Wozu bedarf es dann eines Gottes? Ist das nicht ein Hilfsgedanke? Hat er sich nicht in unendliche Fernen zurückgezogen, ist er nicht unverfügbar geworden? Das bestürmte einen Knaben in einer stillen Nacht und trieb ihm den Schlaf aus den Augen.

Was unternahm der Achtjährige, der eine Nacht hindurch sich unruhig hin und her wälzte und dessen Gedanken fieberhaft arbeiteten und sich gegenseitig jagten? Er beschloß, die Verstandeszweifel zurückzustellen, aber nicht abzuwürgen. Sie haben ihn immer wieder überfallen. Als Sechzehnjähriger, als Achtzehnjähriger, als Neunzehnjähriger, als Zweiundzwanzigjähriger, als Achtundzwanzigjähriger, als Vierunddreißigjähriger mußte er sich mit seinen Verstandeszweifeln auseinandersetzen. Der Vierunddreißigjährige gestand: *Ich habe eine sehr schwere Last an geistlichen hohen Anfechtungen von meinem achten Jahr bis daher getragen. Wer sie nicht kennt, dem wünsche ich Glück.*

In dem Achtjährigen wehrte sich damals alles, sein Leben nunmehr in *unfruchtbarem Grübeln zuzubringen.* Des Knaben Herz hing an seiner *Heilandsreligion.* Mit der ganzen Leidenschaftlichkeit seines Gemütes, seines Willens, seiner Seele bäumte er sich dagegen auf, *seinen göttlichen Bruder* zu verlieren.

Es war die Überzeugung und Erfahrung eines überwachen, hochbegabten Knaben, daß er ein Gegenüber besaß, das ihn leitete und bewahrte, gestaltete und ihn in seinen Dienst berief. In seinem Kinderleid, in den kleinen und großen Kümmernissen eines vaterlosen Kindes, dessen Mutter fern war, in würgender Angst, in Verlassenheit und Kindertränen, die in keinem Kinderland fehlen, war ihm das zugewachsen. Ein Treibhausklima war das nicht.

Es ist völlig irrig, in Zinzendorf ein religiöses Genie erblicken zu wollen, das wie ein Höhenwanderer unbeschwert seinen Glaubensüberzeugungen leben konnte. Zinzendorf hat immer wieder um die Vergewisserung seines Glaubens hart ringen müssen.

Das ganze Feuer eines leidenschaftlichen, mit glänzenden Vorzügen ausgestatteten, aber auch vielen Gefährdungen ausgesetzten, mit wachem und kritischem Intellekt begabten Sprosses einer sehr alten Familie konzentrierte sich immer stärker auf den einen, den er erwählt hat, dem er dienen und ganz angehören wollte.

Das wurde der Grundton jener verzehrenden, stürmischen, sein ganzes Genie einspannenden Passion. Alles Schöpferische, alles Revolutionäre, Vorwärtsweisende, die Schranken seiner Zeit Sprengende in seinem Wesen, auch seine Torheiten und Ungereimtheiten standen damit in unlöslicher Verbindung. Die Richtung seines Lebens war in dem kindlich-trotzigen Entschluß des achtjährigen Knaben bereits festgelegt. Es ist Zinzendorf tatsächlich gelungen, ohne Gewaltsamkeit sein ganzes Leben auf einen Nenner zu bringen. Der erste Schritt wurde wohl in jener Nacht vollzogen.

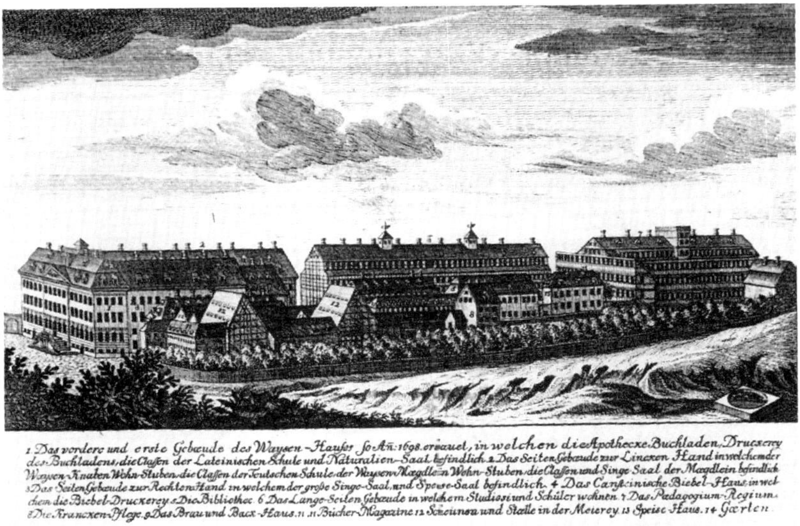

Die Franckeschen Stiftungen in Halle von Süden gesehen, um 1749. Ganz rechts das Pädagogium Regium.

Ein komplizierter Schüler in harter Internatserziehung

Als der Knabe zehn Jahre alt wurde, trennte man ihn ziemlich unsanft und unvorbereitet von seiner Großmutter in der Oberlausitz. Der Familienrat hatte über den Kopf der alten Frau in Großhennersdorf beschlossen, den Knaben in das Pädagogium Regium nach Halle und damit in die unmittelbare Nähe August Hermann Franckes zu geben. Die Landvögtin fügte sich schweren Herzens. Der Stiefvater des Knaben, der Generalfeldmarschall von Natzmer, und seine Mutter hatten durchaus richtig gesehen, daß die Schularbeit Franckes die fortschrittlichste der ganzen Zeit darstellte. Hier war ein kühner Aufbruch in neue pädagogische Provinzen gelungen, der alle anderen Erziehungssysteme hinter sich ließ.

Die Verlegenheit um einen Hauslehrer, den man nicht auftreiben konnte, ließ die Entscheidung schneller heranreifen. Der Knabe war in Großhennersdorf mit seinem 1705 geborenen Stiefbruder Carl Dubislav von Natzmer zusammen erzogen worden und die Mutter beider Kinder klagte 1710, „wo diese beiden wilden Jungen ganz ohne Aufsicht bleiben, so weiß ich nicht, wie sie wieder ganz gezähmt werden können". Carl Dubislav sollte zu seinen Eltern kommen, Nikolaus Ludwig von Zinzendorf nach Halle ins Internat.

Der Generalfeldzeugmeister von Zinzendorf auf Gavernitz bei Dresden, der Onkel und Vormund, hielt nichts von diesem Plan. Er war gegen die damals so gerühmte Internatserziehung. Der Bub müßte älter sein. Er habe auch gehört, daß „die wenigsten der Schüler eine strenge Internatserziehung ohne Bitterkeit überstehen würden". Für diese pädagogische Maßnahme lehne er jedenfalls die Verantwortung ab und bewillige keine Familiengelder. So unrecht hatte er nicht.

Generalfeldmarschall von Natzmer, der Stiefvater, finanzierte nunmehr den Aufenthalt in Halle. Auf der Reise nach Halle wird der Neffe seinem Vormund in Gavernitz vorgestellt. Hier begegnete er wohl zum ersten Male seinem Stiefbruder Friedrich Christian aus seines Vaters erster Ehe. Der Vormund hätte den kleinen Zinzendorf sofort in Gavernitz behalten, so gefiel ihm dessen ausgesprochen lebhafter Geist, damit er „den anderen Bruder aufmuntere".

War es eine glückliche Wahl, den Zehnjährigen, an der untersten Aufnahmegrenze, auf das Pädagogium Regium Franckes nach Halle zu geben? Es begann alles unter einem Unstern. Die ängstliche und pädagogisch ungeschickte Mutter *sagte am ersten Tage nach meiner Ankunft, me presente* (in meiner Gegenwart), *zu Professor Francke, man müßte mich sehr niedrig halten, denn ich incliniere [neige] zum Hochmut, zu großen Unternehmungen und bilde mir auf Grund meiner Gaben etwas ein.* Zinzendorf fügte zu dieser Erinnerung, die ihm offensichtlich peinlich war, noch bei: *Ich war von Hochmut nicht ganz frei. Durch ein unglückliches Geschick wurde diese Unterhaltung von mir mitangehört. Von dem Augenblick an mußte ich mit dem Gedanken kämpfen, daß ich doch etwas Besonderes sein müsse, wenn es nötig sei, mich so scharf im Zaum zu halten.*

Es gab eine Reihe von Fragen zu klären, die sich mit dem Eintritt des Knaben aus dem Hochadel ergaben. Durfte er wie bisher seinen Degen tragen? Waren ihm ein oder zwei Diener und Lakaien beizugeben? Man gab ihm vorerst keinen Degen, keine Diener, keinen Hofmeister, sondern nur einen Studenten, der ihn betreute und mit ihm in einer Separatwohnung von zwei Zimmern wohnte. Der junge Zinzendorf hat während seines sechsjährigen Aufenthaltes in Halle immer eine Separatwohnung besessen und nie mit den anderen Internatsschülern zusammengewohnt. Das war man dem eigenen Stande schuldig, wenn auch die anderen Schüler des Pädagogium Regium fast nur dem Adel entstammten.

Es war nicht zu verwundern, daß die anderen Schüler sich für den von ihnen in gemessenem Abstand gehaltenen kleinen Reichsgrafen, diesen behüteten Knaben, lebhaft interessierten, um an ihm ihren Schabernack zu üben. Er war nach seinem eigenen Zeugnis bisher so ängstlich umsorgt gewesen, daß er *bis zu seinem 11. Lebensjahr keinen Erdboden betreten, der nicht gedielt war, sondern bin entweder in der Chaise getragen worden oder gefahren, so daß ich nicht habe außer dem Zimmer gehen können, ohne über meine eigenen Beine zu fallen.*

Obwohl das Großhennersdorfer Wasserschloß von dem Lustgarten umgeben war, hat er in seinen Kinderjahren dort nicht herumtollen, geschweige denn einen Abhang hinunterspringen dürfen. Die Wildheit tobte sich allein in den Schloßräumen aus.

Dafür mußte der kleine Reichsgraf unter seinen neuen Kameraden zuerst schwer büßen. Er wurde herumgestoßen, daß es eine Art hatte. Doch hat er sich schnell und erfolgreich zu wehren verstanden und geriet schließlich bei seinen jungen Lehrern in den Ruf, ein „Generalaufwiegler“ zu sein. Es war ja ein buntes Schülergemisch, das dort zusammenströmte. Eltern gaben ihre Söhne nach Halle, mit denen sie in den Flegeljahren nicht fertig wurden. Es fehlten nicht ausgesprochen schwache und anfällige Charaktere. Die Gutgesonnenen und zurückhaltenden Naturen gaben nicht immer den Ton an. Die Qualität der Schüler war nicht besser und schlechter als an anderen Schulen.

An der Spitze des Pädagogiums stand ein hervorragender Pädagoge, der Theologe Freyer. Doch seine Lehrer waren Studenten, die sich durch den Unterricht das Studium verdienten. Das war ein unruhiges Völkchen, selbstbewußt, unbedachtsam, allem Neuen und Radikalen aufgeschlossen. Sie konnte und wollte auch ein August Hermann Francke nicht gängeln. Oft verstanden sie die Disziplin nicht recht zu wahren. Durch übermäßiges Strafen und Schelten hielten sie sich mühsam über Wasser. Manchmal vergaßen sie die angesetzten Unterrichtsstunden oder begannen sie unpünktlich. Doch gab es auch ausgezeichnete und beliebte Lehrer unter ihnen. August Hermann Francke suchte die besten Kräfte durch wöchentliche Gesamt- wie Spezialkonferenzen unermüdlich zu schulen.

Turbulente Ereignisse sorgten für Aufregung und Abwechslung. Bei einer gemeinsamen Mahlzeit fand ein junger Lehrer ein verdorbenes übelriechendes Ei auf seinem Teller. Vom Ekel erfaßt sprang er auf, um sich im Nebenzimmer heftig zu beschweren. Die jungen Herren blieben inzwischen nicht müßig. Unter Hallo bewarfen sie die Zimmertür mit den Eiern, die auf ihren Tellern lagen.

Wild ging es einmal im Abenddunkel zu. Einem unbeliebten Lehrer schlugen die jungen Adeligen sämtliche Fensterscheiben ein. Die große Aufregung, die darüber in der ganzen Anstalt entstand, fanden sie herrlich. Natürlich suchte man die Anstifter herauszubekommen und verhörte auch den jungen Zinzendorf. Das Gerücht, an allen Revolten beteiligt gewesen zu sein, verfolgte ihn selbst noch in seine Studentenzeit in Wittenberg.

Von Bosheit konnte man dabei nicht sprechen. Wie ging man gegen die Hauptübel bei der adeligen Jugend, gegen ihren Übermut, ihren Trotz und Stolz vor? August Hermann Francke hat das übliche Prügeln in den Unterrichtsstunden radikal unterbunden. Man dämmte die wilde Jugend durch ein abgestuftes Strafsystem ein. Alles wurde in der Lehrerkonferenz vorbesprochen. Eine stille Rüge unter vier Augen, in hartnäckigen Fällen eine schwere öffentliche Rüge bedeuteten die mildesten Strafen. Half das nicht, wurde körperliche Strafe angeordnet und acht Tage vor Vollzug angekündigt. Innerhalb dieser Galgenfrist konnte sie durch Abbitte und einwandfreies Verhalten noch abgewendet werden. Doch kam man beim Neubau des Pädagogiums 1713 nicht umhin, einen Karzer einzubauen, um die wildeste Widersetzlichkeit zu brechen.

Mit diesem wohlausgewogenen Strafsystem geriet der junge Zinzendorf oft in Berührung. In den alten Lehrerkonferenz-Protokollen in Halle kann man darüber Ergötzliches lesen. *Wegen oft geringer Dinge wurde ich mit angehangenen Eseln* (Eselsohren) *auf die Gasse gestellt, bei welcher Gelegenheit ich einmal einem, der mich darüber anredete, lateinisch antwortete: Diese Schmach wird mich nicht niederdrücken, sondern aufrichten.* Man hat diese mittelalterliche Methode, an den Pranger zu stellen, bekanntlich in den Erziehungsanstalten zäh bis ins 20. Jahrhundert fortgeschleppt.

Weil meine Lehrer ein ungleichmäßiges Wesen an mir sahen, so hatten die meisten einen unzulänglichen Begriff von mir und wußten nicht, was sie vom Künftigen denken sollten . . . So habe ich im täglichen Leben die gewöhnliche Behandlung der unartigen Schüler erfahren müssen . . . Man verwarnte ihn vor der gesamten Lehrerschaft öffentlich. Am 16. April 1712 wird ihm wie drei anderen Kameraden die Rute angekündigt. Es hieß: „Stackelberg und Merode sind ziemlich mutwillig. Der Herr Graf ist nicht nur excessiv unordentlich, sondern machet hin und wieder in den Klassen durch seine Unart auch allerhand turbas [Unruhe] und ärgerliches Aufsehen. Sie sind also vorgefordert und ist ihnen wegen der Kürze der Zeit nur angedeutet, daß sie künftige Woche die Rute haben sollten."

Der junge „Herr Graf" wurde auf „inständiges Bitten" begnadigt, ihm jedoch die Auflage erteilt, „er solle dem Inspektor alle Sonnabend nicht allein seine Exerzitienbücher sondern auch sein Malbuch bringen, ob er etwa auf diese Weise dahin gebracht werden könne, daß er von seiner Schmiererei ablasse". Das Schlimmste war, daß alles haargenau von der Schulleitung nach Großhennersdorf berichtet wurde und es dort viel Aufregung gab. Auch seine Mutter erfuhr alles. Zinzendorf klagte in der Rückerinnerung sehr beweglich darüber, *daß man viel Falsches, Unwahres und auf schlechtem Grund ruhende Argwöhnungen sofort zur großen Kränkung gnädiger Mama, Großmama und Euer Gnaden* (d. h. seiner Tante) *einberichtet und mir dadurch vielen Verdruß, betrübte Stunden, harte Vorhaltung und mit einem Worte elende Zeiten gemacht habe.* Denn so sehr er *von Natur voll Feuer, Leben und Leichtsinn* war, konnte er in den einzelnen Fällen *über das geringste Versehen sehr geknickt sein.*

Die Anstaltsleitung hatte es nicht leicht. Die Verantwortung bei einem so hochgestellten Jugendlichen, dessen Angehörige Führungsstellen in Kursachsen und Brandenburg-Preußen einnahmen, von der österreichischen Verwandtschaft zu schweigen, war zu groß, als daß man sie allein tragen wollte. *Weil ich vom elften Jahre ab so schlecht erzogen worden bin, so bin ich vom zwölften bis ins neunzehnte ein rechter Bengel gewesen, was die Aufführung betrifft, denn von meinem Herzen kann ich das nicht sagen. Das ist etwas anderes. Aber ein ungezogener und alberner Jüngling bin ich gewesen, weil ich in der Zeit so verkehrt behandelt worden bin, daß ich die Kindischheit erst nachgeholt habe.*

Und doch war es keine unglückliche Zeit. Der junge Reichsgraf hat hart arbeiten gelernt. Zu *meiner Zeit mußte man lernen, die zehn bis zwölf Stunden des Tages mußten nicht fehlen, von 5–12, von 2–6. Und lernten wir nicht, so wurde uns die Zeit lang, denn es wurde uns am Dasitzen doch nichts geschenkt. Daher ist kein Wunder, daß wir zu der Zeit Lateinisch, Griechisch, Französisch, Geschichte, Geographie und solche Sachen gelernt haben. Man mußte wohl.*

Die strenge Zucht hat ihn nur gestählt und alle Kräfte in ihm wachgerufen. Unmenschlich war nichts. Der Tageslauf war durch Erholungsstunden gut gegliedert. Die ständige Aufsicht war nicht polizeimäßig aufgezogen. Man konnte Ball spielen, in Gesprächen auf und ab gehen. Man besuchte Künstler und Handwerker, ging zum Baden, legte einen eigenen botanischen Garten an, sammelte Heilkräuter in den Wiesen und Wäldern. Es wurde in eigenen Werkstätten gedrechselt, gepappt, auch Gläser für Fernrohre wurden geschliffen. Halle besaß die erste deutsche Schulsternwarte. Manches wurde den Schülern wirklich „spielend" beigebracht. Halle wurde durch seine Schulerziehung richtunggebend nicht nur für Deutschland. Die von August Hermann Francke ausgebildeten jungen Lehrer wurden überall auf dem Kontinent und selbst in England angefordert. Sie haben damals das moderne Schulwesen im erwachenden Rußland mit aufgebaut.

Es fehlte nicht an einer Festkultur. Jeden Montag fand im Auditorium Maximum ein Schülerkonzert statt. Dort stellten sich die jungen Herren des Pädagogium Regium in ihren bunten Röcken, ihren Schnallenschuhen und der kleinen Perücke als echte Barockmenschen gravitätisch ein, als Musikausübende oder Konzertbesucher. Für Abwechslung wurde gesorgt. Große Schulferien im regelmäßigen vierteljährlichen Abstand, von erlauchten Besuchern gewürdigt durch eigene Anwesenheit, gaben auch dem jungen Zinzendorf reichlich Gelegenheit, vor einer breiteren Öffentlichkeit zu glänzen. Er hat dort kleine lateinische, griechische, französische und deutsche Reden über die verschiedensten Themen zum besten gegeben. Das war ihm nicht nur unverwehrt, man sah es sogar sehr gern.

Eins hob den jungen Zinzendorf aus der großen Schülerzahl heraus. Er speiste täglich an einem Tisch mit August Hermann Francke, dem auf dem ganzen Kontinent berühmten und respektierten Professor. Das Vorrecht galt ihm als jungen Reichsgrafen in dieser größten Schulstadt Deutschlands, in der regelmäßig fast dreitausend Schüler und Studenten in den verschiedenen Lehranstalten zusammenströmten.

Als Reichsgraf wurde ihm der Ehrenplatz zwischen August Hermann Francke und dessen Frau zugewiesen. Oft hat der große Hallenser den Knaben nicht angesprochen. Der junge Zinzendorf beobachtete ihn um so aufmerksamer. Die Liebe und die Verehrung für diese große Persönlichkeit ist bei dem unerbittlich scharf und klug beobachtenden Knaben nur gewachsen. Francke stand bereits auf der Höhe seines Ruhmes. Die Gesandten verschiedenster europäischer

August Hermann Francke (1663–1727).

Nationen gingen bei ihm ein und aus. Umfassende Pläne und Unternehmungen, die Erdteile umspannten, wurden bei Tisch besprochen.

Glaubensflüchtlinge wurden an die Tafel gezogen. Vertrauliche Nachrichten wurden durchgegeben. August Hermann Francke war so glänzend über die wichtigsten diplomatischen Vorgänge in aller Welt orientiert, daß er 1709 die erste preußische Tageszeitung gründen konnte.

Der junge Reichsgraf war begeistert. In großer Dankbarkeit hat er an ihm bis zu dessen Tode 1727 gehangen und ihn tief verehrt. Niemand vermochte nach seinem Urteil so fein und taktvoll in persönlichen Aussprachen mit den Schülern zu sagen, was zu tadeln war und dabei zugleich aufzurichten und zu ermuntern. Seinen Predigten lauschten die Studenten und die Schüler wie gebannt. Die von August Hermann Francke zumeist persönlich geleiteten beiden wöchentlichen Singgottesdienste im großen Festsaal des Waisenhauses bildeten Höhepunkte im wöchentlichen Anstaltsbetrieb. Was ist damals in den Schulsälen und auf den Stuben der Pädagogiumsschüler gesungen worden!

Und doch sprach Zinzendorf rückblickend von einer *absurden Erziehung* in Halle und von der *großen Gefahr,* in die er *daselbst durch die große Gottlosigkeit und Bosheit einiger Lehrer und Schüler, sonderlich seiner Hofmeister und nächsten Kommilitonen* gebracht wurde. Im Alltagsleben des Pädagogiums sah vieles anders als an der Tafelrunde August Hermann Franckes aus.

Der ärgste Mißgriff seiner eigenen Familie war die Berufung des Daniel Crisenius aus Polen zum Hofmeister für den jungen Zinzendorf. Sein Intrigenspiel entwickelte er meisterhaft, aber teuflisch. Er hetzte den ungestümen Knaben, wenn man ihn wieder einmal falsch behandelte, gegen die Anstaltsleitung auf. Crisenius ermunterte ihn, Klagebriefe an seine Angehörigen zu schreiben, die er dann flugs zu dem Schulleiter trug, so daß der Knabe dort Abbitte leisten mußte. Er tyrannisierte ihn nach Strich und Faden. Da *ich einigemale meiner Frau Mutter etwas gesagt, zerschlug er mich dafür jämmerlich.* Ärger war, daß der Hofmeister sich in die Gunst des Vormundes des jungen Reichsgrafen einzuschleichen verstand.

Doch milderte sich alles, als der Hofmeister die ersehnte Möglichkeit eingeräumt bekam, mit dem Jurastudium zu beginnen. Er verzichtete auf seine tyrannischen Manieren, die ihn selbst nur gefährdeten. Jetzt knüpfte er an dem Geltungsbedürfnis des jungen Zinzendorf an. Sie setzten es gemeinsam durch, daß ein Diener und schließlich noch ein Lakai angestellt wurden und Zinzendorf das Recht empfing, bei jedem Ausgang den Degen anzulegen. Trotzdem durchschaute August Hermann Francke bald das falsche Spiel dieses mit allen Wassern gewaschenen Hofmeisters. Auch den Eltern Natzmer gingen die Augen auf. Es fehlte nicht viel, daß sie Crisenius die Tür gewiesen hätten. Doch rettete ihn vorerst seine feste Position beim Vormund in Gavernitz.

Der junge Zinzendorf überstand alles. *Meine Brüder stärkten mich.* Im stillen hatte sich ein kleiner Bibelstudienkreis unter einigen adeligen Pädagogiumsschülern gebildet, dessen Mittelpunkt der junge Reichsgraf bildete.

Der Pietismus war mit dem Programm aufgetreten, Laienbibelkreise unter der festen Führung der Pastorenschaft ins Leben zu rufen. Doch der junge Zinzendorf hatte von vornherein viel weitergespannte Ziele ins Auge gefaßt.

Er hatte sich über die europäischen Sozietätsgründungen, die damals aufkamen, gut orientiert. Innerhalb der Franckeschen Schulstadt hatten englische Schüler ein eigenes Haus bezogen. Wahrscheinlich haben junge Engländer ihn über die große englische „Gesellschaft zur Ausbreitung christlicher Erkenntnis“ unterrichtet, deren Stipendiaten sie zumeist waren. Das war ein hochadeliges Unternehmen, das 1699 von fünf namhaften Vertretern der Londoner Hocharistokratie gegründet worden war.

Ein imponierendes Programm hatten die fünf Gründer realisiert. In neugegründeten Armenschulen steuerte man die unbeschreibliche Bildungsnot der unteren Klassen in der Stadt mit über einer halben Million Einwohnern. Bald 30000 vernachlässigte Kinder erhielten nunmehr regelmäßigen Unterricht. Der Blick der Gesellschaft richtete sich auch auf den unaufhörlich wachsenden Kolonialbesitz Großbritanniens in aller Welt. Bei der Missionierung Indiens arbeitete sie eng mit Halle zusammen. Hunderte von Geistlichen und Laien lieferten ständig als korrespondierende Mitglieder Situationsberichte aus den verschiedensten Ländern an die kleine Gründungsgruppe. Die Geldopfer der Mitglieder waren beträchtlich. So war es nicht zu verwundern, daß diese Gesellschaft im öffentlichen Leben Englands eine hervorragende Rolle spielte. Nun war auch in Dänemark eine ähnliche Gesellschaft entstanden, welcher der Großkanzler dieses Reiches, ein Freund Franckes, vorstand.

Dieses Leitbild hat Zinzendorf sein Leben hindurch vor Augen gestanden. Schon der Sechzehnjährige meinte in Halle den Anfang zu einer deutschen Parallelgründung gemacht zu haben. Er wollte eine

Sozietät, eine Ordensgemeinschaft aus kleinen Anfängen organisieren. *So laßt uns denn unserm lieben Herrn und Heiland mit fröhlichem Mut, weil wir unter seiner Fahne geschworen haben, folgen!*

Das war ein Aufruf zur Tat, zur Zucht, zur inneren und äußeren Sauberkeit inmitten eines Internatslebens voller Versuchungen. Doch nicht deshalb, weil hier wenige junge Adelige sich zur gemeinsamen Bibellektüre zusammensetzten, nannten die anderen Schüler sie spöttelnd einen „Senatus sanctus". Die barocken Pläne waren offensichtlich die Zielscheibe des Witzes.

Denn damals äußerte der junge Zinzendorf im Gespräch mit dem schweizerischen Mitschüler Friedrich von Wattewille, daß sie sich einmal sputen müßten, um an der beginnenden missionarischen Eroberung der Welt noch beteiligt zu werden. Mehr als einen Generalstab, der die anderen einsetzt, meinte er selbst nicht bilden zu müssen.

Als August Hermann Francke wenige Wochen vor dem Abgang Zinzendorfs von Halle von diesem Bibelstudienkreis junger „bekehrter" Adeliger im Pädagogium Regium hörte, ließ er den Schüler zu sich rufen. Das von Crisenius genährte Mißtrauen gegen den ungestümen, unausgeglichenen und hitzigen jungen Reichsgrafen wich nun vollends. *Der Herr Professor freute sich herzlich darüber und machte einen mir unvergeßlichen Bund der Liebe mit mir.* Leider wissen wir über das Gespräch nur diesen einen Satz.

Am 3. April 1716 schlug für Zinzendorf die Abschiedsstunde. An seine Mutter schrieb er: *Nunmehr ist das liebe Halle verlassen. Wiewohl es aus meinem Sinn nicht kommen wird, weil ich lebe, denn da habe ich dasjenige gelernt, was mich in Zeit und Ewigkeit glücklich machen kann . . . Der Abschied ist mit unzähligen Tränen geschehen.* Innerlich gereifter, äußerlich disziplinierter, mit einem geweiteten Blick, mit einem Bildungsgut ausgestattet, wie es damals innerhalb Deutschlands nur diese modernste Schule vermitteln konnte, kehrte er über Gavernitz nach Großhennersdorf zurück. Er hatte seinen großen Lebensplan, den Ordensgedanken, gefunden.

Der opponierende Student

Was die kommenden Lebensjahre Zinzendorfs betrifft, sind wir in der glücklichen Lage, nicht mehr allein auf spätere zufällige Äußerungen angewiesen zu sein. Es waren nicht immer ganz zuverlässige Erinnerungsbilder, mit denen er seinen Zuhörern oft einen bestimmten Gedanken wichtig zu machen suchte. Es verschieben sich dann zu leicht die Akzente. Am 10. Mai 1716 begann er ein Tagebuch zu führen, das er seiner Großmutter regelmäßig zu lesen gab. Hier sprach er sich ganz ungeschminkt über seine Stimmungen, Erfahrungen, Enttäuschungen, Kämpfe und Ziele aus. *Reihenfolge meiner Wanderungen* überschrieb er es mit hebräischen Worten. Er führt es, nicht ohne bedeutende Lücken, durch seine ganze Studentenzeit in Wittenberg und bricht am 10. März 1719 ab. An manchen Stellen scheitern alle Bemühungen, seine Handschrift mit Sicherheit zu entziffern.

Vorerst war ihm eine zehnwöchige Atempause nach der strammen Zucht im halleschen Internat vergönnt. Unermüdlich, stundenlang hat der junge Graf mit seiner Großmutter und der vertrauten Tante Henriette den Ordensplan durchgesprochen. Die alte Landvögtin freute sich an der leidenschaftlichen Entschlossenheit ihres Enkels. Sie suchte alles in vernünftige Bahnen zu lenken. Zu genau wußte sie, daß er schweigen und gehorchen konnte, doch einmal gefaßte Pläne nicht mehr vergaß, auch wenn er sie lange Zeit zurückschieben mußte.

Am 26. Mai, seinem 16. Geburtstag, überraschte ihn seine Großmutter. *Gnädige Großmama hat mich an eben dem Tage mit der ersten Medaille meiner Sozietät regalieret* (beschenkt), *welches war ein Goldstück in der Größe eines Talers . . .*

Der Sinn für Aufmachung, Repräsentation und äußeren Glanz lag der Adelswelt im Blut. Zur Ordensgesellschaft gehörten Ordensmedaille, Ordensband, ein Ordensbuch mit den Namen und Wappen aller Mitglieder, ein Ordensstatut, Ordensurkunden, feierliche Verpflichtungsformulare, goldene Tinte, aber auch entsprechende Ordensämter und Rangbezeichnungen. Jedes Ordensmitglied sollte die Porträts seiner Ordensbrüder besitzen. Wer diese ganze ursprüngliche Freude am Festlichen und an ehrwürdigen Zeremonien nicht kennt, hat hier keine Möglichkeit des Verstehens.

Der junge Zinzendorf war vollauf damit beschäftigt, das alles vorzubereiten und an die anderen Mitglieder des ganzen „Senats“, die noch in Halle lebten, zu schreiben. So dafür entflammt wie er selbst waren die anderen nicht, und er klagte bewegt über ihre Säumigkeit. Im Jahre 1756 schrieb der reife Mann beim Durchblättern dieser Tagebuchaufzeichnungen mit Bleistift an den Rand: *Den 26. Mai vor 40 Jahren sind die Senfkorn-Ordens-Insignien zustande gekommen.* So hing auch nach Jahrzehnten sein Herz an diesem Gedanken!

Andere Anforderungen traten an ihn heran. Es galt, sich in die Rolle und Aufgaben eines Kavaliers einzuüben. Die uralten Regeln der europäischen Adelskultur sollten in Fleisch und Blut übergehen. Man machte ihn auf verschiedene Unachtsamkeiten aufmerksam. „Den Degen oder etwas Gefährliches dürfe er nie in einer Stube oder an einem Ort liegen lassen, wo Kinder sind." An die gedeckte Tafel habe er erst heranzutreten, wenn die älteren Personen ihre Plätze einnehmen. *Welches ich alles wohl in Acht zu nehmen, mir heilig vornehme,* vermerkte der junge Aristokrat in seinem Tagebuch.

Er begeisterte sich für den Reitunterricht und für das Kutschieren. Aufregende Erlebnisse mit wilden Pferden und Stürze werden seinem Tagebuch anvertraut. Der Tag, an dem er ohne Begleiter sein Pferd ins Dorf lenkte, wird festgehalten. Bei Sturm und Regen ritt er einmal ganz allein auf einem temperamentvollen Pferd dem angekündigten Besuch entgegen. Zeit seines Lebens ist Zinzendorf ein ausgezeichneter Reiter, aber ein schlechter Fußgänger gewesen.

Die ersten Repräsentationspflichten werden von ihm verlangt. Er sollte sich bald der großen Welt vorstellen. Der Hochadel mußte wissen, daß einer seiner jungen Angehörigen sich zum Eintritt in diesen geschlossenen Kreis vorbereitete. Bei der Geburt des kaiserlichen Prinzen Leopold ergab sich die günstige Gelegenheit. Die Kaiserin Eleonore war mit der Landvögtin befreundet. Der junge Graf verfaßte ein langes lateinisches Huldigungsgedicht im antikisierenden Stil eines mythologischen Ereignisses. Oft ritt der junge Zinzendorf nach Zittau, um die Probedrucke zu überprüfen.

Das Huldigungsgedicht wurde mit einem Beischreiben an den Kaiserhof nach Wien gesandt.

Mit der besten Tante habe ich über das Leben meiner Voreltern gesprochen. Im Blick auf die lange Ahnenkette schrieb er in sein Tagebuch: *Wo ist dein Vorfahr im Regiment, in der Wohnung, im Amt, im Erbe? Wo sind diese und jene, welche Du alle gekannt hast? Tot sind sie! Wir sind von gestern her . . . Mancher bildet sich ein langes, großes und ehrenvolles Leben ein . . . Gestern kamen wir, heute stehen wir, morgen liegen wir im Grabe . . . Hilf mir, mein getreuer Heiland, wohl leben und besser sterben, um Deines Todeskampfes willen.*

Am Pfingstmontag zwischen 5 und 7 Uhr hatte ich wiederum eine sehr starke Anfechtung über die Ewigkeit, welche mir doch mein getreuer Gott gnädiglich überwinden half. Und im Tauler fand ich bald darauf eine Lektion, wie ein Gottesmensch müsse große

Anfechtungen erdulden, welches mich fast völlig tröstete. Die Mystiker des Mittelalters standen auch in der Großhennersdorfer Adelsbibliothek und wurden in Sorgenstunden oft zur Hand genommen. Der junge Reformator Martin Luther hatte sich in schweren Anfechtungsstunden ebenfalls an sie gehalten.

Man lebte mit dem Dorf. Nach alteuropäischer Adelstradition gehörten Herrschaft und Untertanen wie eine große Familie zusammen. Dem Standesherrn waren alle Familien seines Dorfes wie einem Familienvater in ihrem leiblichen und geistlichen Wohl anvertraut. Das ist oft verleugnet worden. Doch in Großhennersdorf hielt man sich an dieses verpflichtende Ideal. Als zum Beispiel der Sohn des Schloßkoches im Sterben lag, ging die ganze Schloßbewohnerschaft auf leisen Sohlen. Jeder, auch der junge Graf, faltete in seinem Zimmer für ihn die Hände.

Zinzendorf hat diese Linie eingehalten und ist später selbst ein Standesherr geworden, dem das Wohl aller seiner leibeigenen Bauern am Herzen lag. Jetzt in den Wochen vor Antritt eines Universitätsstudiums übte er sich darauf ein.

Der hallesche Pietismus hat den evangelischen Adel, der durch sein Pädagogium ging, zu einem wirtschaftlich tüchtigen Leben angehalten. Der junge Graf nahm jetzt das berühmte dreibändige Werk „Das adelige Landleben“ in die Hand, das ein Österreicher, der mit ihm durch nahe Blutsbande verbundene Wolf Helmhard von Hohberg, geschrieben hatte. Hier fanden das Lebensgefühl und die geistige Welt, die wirtschaftlichen und sozialen Grundlagen des Landedelmannes, wie sie von der Loire bis zur Weichsel auf den Adelssitzen praktiziert wurden, die schönste Darstellung. Auch für Medizin interessierte sich der junge Zinzendorf lebhaft. Er hat zeitlebens ihre Fortschritte beobachtet und eigene, durchaus richtige Beobachtungen gemacht.

Selbst in der Aufstellung von Rentabilitätsberechnungen übte er sich. Viel Geduld brachte er dazu nie auf, weder jetzt noch später. Es mußte schon Gefahr im Anzug sein, wenn er sich mit diesem „Departement“ kurz abgab.

Am 8. Juli 1716 wurde der junge Reichsgraf zum Befehlsempfang bei seinem Vormund, dem Generalfeldzeugmeister von Zinzendorf, nach Schloß Gavernitz beordert. Der Stiefbruder Friedrich Christian rüstete sich auf seine Kavalierstour nach Frankreich. Nun sollte gleichzeitig auch über Nikolaus Ludwig befunden werden.

Unglücklicherweise rief der kränkliche Onkel zuerst den Hofmeister Crisenius zu sich. Der Hofmeister hatte sich zäh behauptet. Der Widerstand des jungen Grafen gegen ihn war vorbei. Man vertrug sich recht und schlecht wie zwei eigensinnige Brüder. Für den jungen Kavalier gab Crisenius doch einen guten Begleiter ab. Er besaß eine ansehnliche Statur, saß gut im Sattel und hatte ein gewandtes Auftreten. Hinter dem Rücken des jungen Zinzendorf wurde alles festgemacht.

Dem vorsichtig in Gavernitz anfragenden August Hermann Francke wurde höflich bedeutet, daß der junge Graf nicht in Halle studieren werde. Man einigte sich in der Familie auf die Universitätsstadt Wittenberg, die seine Mutter von Berlin aus leicht erreichen konnte. Dem Neffen sollten auf jeden Fall „die pietistischen Grimassen" abgewöhnt werden, meinte der Vormund. Crisenius stimmte lebhaft zu.

Der nach Gavernitz zitierte junge Zinzendorf mußte erst tagelang im Schloß warten, bis der Vormund geruhte, ihn zu sich zu rufen. Er sollte merken, daß er kurz gehalten werden müsse. Die Landvögtin habe „bei dem jungen Grafen allzu hoch hinausgehende Sachen" begünstigt. Am Geburtstag des Onkels wurde der Neffe zu ihm geführt.

Als Überraschung wurden ihm die Instruktionen der Großmutter für sein Studium vorgelesen. Alles war darauf angelegt, ihn an die Kette zu legen. Dem Hofmeister wurde das Kontrollrecht über des Grafen Korrespondenz übertragen, um „dann und wann die abgehenden und ankommenden Briefe durchzusehen und nach Ermessen mir [der Landvögtin] sie uneröffnet zuzuschicken".

Er durfte das Ehrenrektorat nicht annehmen, das man damals einem studierenden Mitglied des Hochadels anzutragen pflegte. In den theologischen Vorlesungen habe er sich nicht blicken zu lassen. Öffentliche Disputationen habe er nicht zu veranstalten. Dabei bildeten diese gelehrten Streitgespräche, in denen es um die Verteidigung der aufgestellten Thesen ging, den eigentlichen Reiz eines akademischen Studiums.

Selbstverständlich hatte sich der junge Zinzendorf zu fügen. Der Aufpasser war ihm ja in der Gestalt des Hofmeisters beigegeben.

Doch besaß der Onkel seine eigenen Nebengedanken, die nach einer anderen Richtung gingen. Dem großmütterlichen Wunsche entsprechend, sollte am Universitätsort der Verkehr mit anderen jungen Kavalieren aufs äußerste eingeschränkt werden. Auch bei öffentlichen Feierlichkeiten habe sich der Hofmeister mit seinem „Untergebenen" selten einzufinden. Der Generalfeldzeugmeister sorgte jedoch dafür, daß sein Mündel der Lausitzer Junkergesellschaft beitrat. Das war eine wilde Kumpanei, in der man den herzhaften Trunk und derbe Witze liebte. Unermüdlich ersann man neue Anlässe, ein Fest zu starten, bei dem man sich unter den Tisch trank, Schlägereien anzettelte, um Duellforderungen einsammeln zu können. So vorsichtig war doch der Onkel, daß er dem Hofmeister befahl, hier eine gute Mitte zu finden. Denn die Großmutter sollte nicht Alarm schlagen.

War der weltoffene Vormund nicht klüger als die Landvögtin gewesen? In Wittenberg rissen sich die jungen Kavaliere förmlich um den jungen Reichsgrafen. Der stets liebenswürdige und heitere Zinzendorf wurde bald der Brennpunkt eines ausgedehnten Verkehrs. Wie in einem Taubenschlag ging es in seiner Studentenwohnung im neuerbauten Hause des Bürgermeisters zu. Begeistert schrieb der siebzehnjährige Student in sein Tagebuch: *Gegen 2 Uhr setzte ich mich zu Pferde mit H. Crisenio, einem Postillion und meinem Diener und ritt nach Elster. Die Herren von Heynitz, von Arnim, von Haritsch, von Poigk, von Krakow und von Tümpeling begleiteten mich. Habe den stärksten Postritt in meinem Leben getan.* Als er noch von dem Vater der beiden Brüder von Heynitz ein Reitpferd verehrt bekam, war das Glück voll. Der Stiefvater in Berlin schenkte ihm Sattelzeug und *einen Pistolen-Halfterkappen von grünem Sammt mit Gold und Silber reich bestickt.* Ja, wenn sich der junge Graf mit *seinem Gefolge an Kavalieren* auf dem Stadtwall erging, trat die Wache zu Ehrbezeigungen an.

Und doch sollte der junge Reichsgraf, der so viel Spaß vertrug und viel Heiterkeit um sich verbreitete, die ganze Adelsgesellschaft rebellisch machen. *Alle, die um mich sind, moquieren sich aufs höchste über meine Singularität.* Zu seinem Bedauern waren seine „Ordensbrüder" aus Halle nicht zum Studium nach Wittenberg nachgekommen, wie man vereinbart hatte. Sie scheuten dieses Pflaster. *Ich besuche mit Fleiß solche Gesellschaften, damit man sehe, daß Konduite und Christentum wohl miteinander stehen und einer, der Gott fürchtet, auch wohl mit den Leuten reden könne und sich bei der Munterkeit, ohne das Gewissen zu verletzen, erhalte.* Er wollte *geschicktester und feinster Kavalier und Christ* sein.

Kavalier war er vom Scheitel bis zur Sohle, ob er den ganzen Sonntagvormittag in den Gottesdiensten zubrachte, für sich betete, fastete oder sang, auf dem Reitpferd saß, an Hetzjagden teilnahm oder Billard, Schach, auch Karten spielte. Er tat alles mit einer unnachahmlichen Würde, Sicherheit und Grazie.

Er machte es freilich seinen Standesgenossen unter den Studenten nicht leicht. Daß er einen neuen Ton in die oft rüde Kavaliersgesellschaft bringen wollte, war zu verstehen. Sie entsprach nicht seinem Stil. Doch war er, nach seinem eigenen Urteil über die Wittenberger Zeit, zu rigoros geworden. Wie die halleschen Pietisten lehnte er den Besuch von Theater und Oper ab, die verwilderten Trinksitten, die häufige Trunkenheit, den Besuch zweifelhafter Häuser, das hemmungslose Glücksspiel, den unmäßigen Kleiderluxus, das Fluchen, die Mißachtung des Sonntags. *Fressen, Saufen und unziemliches Reden* waren ihm ein Greuel. Es gab für ihn feine Grenzen. Am feindseligsten war er dem *unschuldigen* Tanz gesonnen. *Gott helfe mir von den Narrenpossen.* Eine Dame zum Tanz führen, lehnte er ab.

Mit dem allen wäre er nicht beschwerlich geworden, wenn er die Exzesse bei den anderen stillschweigend übersehen und sich nicht *eingemischt* hätte. Seinen ganz persönlichen Stil nahm man ihm nicht übel. Doch die anderen sollte er in Ruhe lassen. Was tat er aber?

Er warnte, er schrieb an die ahnungslosen Eltern junger Kavaliere, die drauf und dran waren, durch ihre Hofmeister moralisch zugrunde gerichtet zu werden. Das war manchem zu arg.

Die ganze Junkergesellschaft in Wittenberg wurde gegen den „Tugendbold" aufsässig! Einige Kavaliere trennten sich demonstrativ von der Tischgemeinschaft, der Zinzendorf angehörte. Man ging zum offenen Boykott über. Am Ende des Jahres 1717 schien Zinzendorf unter den Kavalieren völlig verspielt zu haben. Auf dem Fechtboden traten seine grimmigsten Gegner gegen ihn und seinen Hofmeister Crisenius an. *Der ganze Fechtboden sah zum Teil spöttisch zu. Crisenius bekam einen Stoß ins Gesicht, trumpfte dafür aber von Tümpeling so derb an, daß diesem vor Bosheit alle Stöße vorbeigingen, die er mit größter Furie auf Crisenius schickte.* Auch Zinzendorf spielte seine Widersacher an die Wand: *Schlieben aber bekam die zwei Stöße, die er mir gegeben, doppelt wieder, ob er sich gleich fast mit dem Kopf auf die Erde legte.* Den Tagebucheintragungen spürt man noch heute die ganze Erregung dieser Stunden ab.

Der Wahlspruch unsers Stamms von Graf Alberto her,
Ist der: Ich weiche nicht, nicht einem, auch nicht allen.
Ich zeih es der Natur: das Weichen wird uns schwer.

Der junge Zinzendorf sammelte sich eine Tischgesellschaft junger Adeliger, die den anderen *ungezogenen Studenten öffentlich tête machten* (die Stirn boten). Im Jahre 1717 war Zinzendorf ziemlich isoliert, im folgenden Jahr stieg sein persönliches Ansehen unter der Studentenschaft von Monat zu Monat. Mancher schämte sich, gegen Zinzendorf gehetzt zu haben. Zwei Todfeinde unter den wildesten Kavalieren, die zur Duellforderung schritten, versöhnte Zinzendorf, er zwang sie förmlich dazu.

An der Universität gewann er durch sein glänzendes Opponieren bei den großen Disputationen die Achtung vieler Studenten. Es war in der „Instruktion" der Landvögtin und des Vormundes tatsächlich übersehen worden, hier einen Riegel vorzuschieben. Noch der reife Mann freute sich darüber, daß er in vollen Zügen diese Möglichkeit ausgenutzt habe. Nun lobten ihn auch Professoren in den Vorlesungen, daß er *schamrot dabei saß*. Auch die Studenten, die mit seiner überstrengen, ja engen Lebensführung nicht übereinstimmten, mußten ihm die Reinheit seiner Gesinnung, die Richtigkeit vieler seiner Urteile, die ganze liebenswürdige Offenheit und Heiterkeit seines Wesens, die selbstlose Kameradschaft zugestehen. Am 6. Januar 1718 vertraute er seinem Tagebuch an: *Heute besuchte mich Herr von Krakow. Über diese Ehre wunderte ich mich, nachdem die Herren Kavaliere untereinander ausgemacht haben, es solle keiner mehr zu mir kommen. Ich stehe in guter Position und lache alle aus, die mit meiner Conduite nicht zufrieden sind . . . Und wenn mich auch diese* (meine Freunde) *verließen, so bliebe Gott mein Freund, mit welchem ich dem Teufel in Person Trotz biete und nicht einen Finger breit von den einmal erkannten Wahrheiten abtreten will, Doch genug davon!* Der junge Reichsgraf war nicht nur rabiat, er war auch genial.

Damit, daß der junge Graf nicht Theologie studieren durfte, sondern sich auf eine Staatskarriere vorzubereiten hatte, gab er sich zufrieden. Aufmerksam beobachtete er aus der Ferne das Treiben am Dresdner Hof. Manchmal meinte er, an diesem sittenlosen, verschwenderischen Hof niemals ein Amt antreten zu können. Dann wieder glaubte er hochgemut, den sächsischen Kurprinzen noch von dem Übertritt zur katholischen Kirche abhalten zu können, der 1717 erfolgte.

Von seinen theologischen Neigungen ließ er sich nicht abbringen. Er suchte und fand Verkehr mit den Theologieprofessoren, vor allem mit dem berühmtesten auf dem Lehrstuhl Luthers, mit Professor

Wernsdorf. Privat las der junge Zinzendorf in Luthers Werken und in den lutherischen wie reformierten Bekenntnisschriften. Er konnte es nie ertragen, wenn man unsachgemäß und von gediegenen Kenntnissen unbelastet, theologische oder allgemeine Gespräche führte. Dem Geschwätz war er in jeder Sache feind.

Die pietistische Theologische Fakultät in Halle war mit der Wittenberger lutherisch-orthodoxen verfeindet. Nun sah Zinzendorf, daß die Hallenser in ihrer Auseinandersetzung mit der Orthodoxie oft ungerecht urteilten. *Da dachte ich erstmalig: Iliacos intra muros peccatur et extra* (Innerhalb und außerhalb der Mauern Ilias wird gesündigt).

Zwischen beiden feindlichen theologischen Fakultäten suchte Zinzendorf zu vermitteln. *Gott hat mir, ihm sei Dank, zur Beförderung seiner Ehre und seines Ruhmes einen unermüdeten Geist gegeben, welcher nicht einen Augenblick ruhen kann.* Er war beim näheren Hinsehen überrascht, wie nahe sich Wittenberg und Halle in den Zentralfragen standen. *Ich arbeitete heute unter herzlichem Gebet an einem neuen scripto: Einige Friedensgedanken an die streitende lutherische Kirche, welche Hofrat Wernher, dem ich solches nachher zeigte, gar sehr approbierte.*

Es beflügelten ihn die Gedanken, nicht allein die beiden großen Parteien im Luthertum zu versöhnen. Alle christlichen Kirchen wollte er mit seiner Schrift zusammenrufen. Selbst die morgenländischen Kirchen zog er in seine *Friedensgedanken* mit hinein. Durch einen von Halle vermittelten Briefwechsel hatte er eine Verbindung mit dem christlichen Assyrer Kaili Dadichi in Antiochien aufgenommen. *Wie aber, wenn nun ich euch einen Weg zeigete, da ihr des Streitens ein Ende machen und euch unter eine Fahne begeben könntet, wie?*

Zinzendorf nahm die Verbindung mit Halle auf, und es war alles so weit gediehen, daß es fast zu einer Aussprache zwischen August Hermann Francke und Professor Wernsdorf gekommen wäre. Konnte er doch am 5. Dezember 1718 an Professor Lange in Halle die „Postulata facultatis Wittenbergensis" übermitteln. Doch plötzlich erschien die von Crisenius alarmierte Mutter des Grafen in Wittenberg und bedeutete ihm: „Ehe Du in Dein eigenes Etablissement kommst, hast Du zu parieren." Das war eindeutig genug.

Crisenius büßte verdientermaßen bei dieser Auseinandersetzung seine zäh festgehaltene Hofmeisterstelle ein. Der alte Vormund war gestorben, der neue durchschaute ihn schnell, als dieser sich dadurch zu halten suchte, daß er vertrauliche Äußerungen des jungen Grafen ausposaunte, die nicht für fremde Ohren bestimmt waren. Er war so niederträchtig, daß er dessen nicht gerade schmeichelhaftes Urteil über den sittenlosen Dresdner Hof an die Hofgesellschaft weitergab. Das konnte im Blick auf eine spätere Staatsstellung des jungen Zinzendorf nur verheerend wirken.

Es fand sich rechtzeitig eine stichhaltige Begründung, den jungen Reichsgrafen aus Wittenberg loszureißen, ohne Aufsehen zu erregen. Der Stiefbruder Friedrich Christian war eben von seiner Kavalierreise nach Frankreich zurückgekehrt, um unverzüglich nach den Niederlanden aufzubrechen. Er erklärte sich bereit, seinen jüngeren Bruder mitzunehmen. Sein braver Hofmeister Riederer konnte zur Beruhigung der aufgeschreckten Verwandtschaft Crisenius sofort ersetzen.

Der junge Jurist Zinzendorf aber hatte sich in Wittenberg erfolgreich gegen alle unverschuldeten und mitverschuldeten Widerstände durchgesetzt. Er hatte gelernt, wie man sich seiner Haut wehrt und hatte seinen großen Lebensplan im Auge behalten.

Die Kavalierreise und die jungen Gräfinnen

Nachdem sein Hofmeister Crisenius kurz vor seiner Entlassung in Zinzendorfs Briefsachen und Konzepten herumgeschnüffelt und seine innersten Gedanken und Pläne auf gehässige Weise an die Öffentlichkeit gezerrt hatte, spürte dieser keine Lust, sich weiter so offen auszusprechen. Sein Reisetagebuch begann er in der neuen literarischen Mode mit Decknamen für die erwähnten Personen zu schreiben. Mit dem Bericht über die letzten Wittenberger Tage setzte sein Reisetagebuch *Attici Wallfahrt durch die Welt* ein und fand kurz vor dem Aufbruch aus Paris seinen Abschluß.

Die beiden Brüder sind sich auf der Reise innerlich nicht nähergekommen. Der Stiefbruder war gut kirchlich. Den brennenden Problemen der Christenheit seiner Zeit stand er jedoch unbeteiligt gegenüber. Er wollte wie die anderen Kavaliere sich bewegen, mit etwas Galanterie den Damen gegenüber, durchaus nicht sittenlos, doch ein wenig obenhin, heiter und unbeschwert. *Ich habe viel auszustehen gehabt, solange mein lieber Bruder bei mir gewesen ist. Ich will keine große Erzählung davon machen. Man hat es der Welt nach mit mir gut gemacht,* schreibt der junge Nikolaus Ludwig von Zinzendorf seiner Großhennersdorfer Tante. Während viele Adelsgenossen später zu ihm stießen und opferbereite Mitarbeiter wurden, verharrte der Stiefbruder dem Lebenswerk seines Bruders gegenüber stets in kühler Distanz. Der Verkehr beschränkte sich auf die Familientage.

In Utrecht kam die Reisegesellschaft am 26. Mai 1719 an. Man blieb hier bis zum 2. September. Der junge Zinzendorf sollte seine unterbrochenen juristischen Studien an der berühmten Universität fortsetzen. Das geschah auch. Das holländische Klima bekam ihm jedoch nicht recht. Rheuma und Geschwüre setzten ihm hart zu. Auf dem morgendlichen Weg zur Reitbahn überfiel ihn ein Ohnmachtsanfall, der ihm erhebliche Gesichtsverletzungen zuzog.

Am stärksten beeindruckten ihn die zahllosen Begegnungen mit Holländern. Die große Tischgemeinschaft mit reformierten und katholischen Adeligen gefiel ihm ausnehmend gut. Hier stand er jungen Kavalieren gegenüber, die ihre Kirche liebten und zu ihrem Bekenntnis standen. *Das machte, daß ich mich von der Zeit an bemühte, daß Beste in allen Religionen* (d. h. Konfessionskirchen) *zu entdecken.*

Auch skeptische Stimmen erreichten sein Ohr. *In Holland stürmten mancherlei freigeistige und andere Meinungen auf meinen Kopf los, richteten aber nichts in meinem Herzen aus.* Die europäische Bewußtseinskrise, welche die heraufziehende Aufklärung auslöste, am deutlichsten in Holland, warf eine Fülle von Zweifeln auf.

Zinzendorfs besondere Vorliebe für Pierre Bayle (1647–1706), dem Sturmvogel, in dem sich die radikale französische Aufklärung ankündigte, erhielt neue Nahrung. Er wurde mit dessen engstem Freund, dem hochgeachteten Hugenotten Jacques Basnage, dem Historiographen Hollands, bekannt gemacht. In seinem Tagebuch finden wir über diese Begegnung wenig Worte. Tatsächlich hat er das dreibändige Werk Pierre Bayles: „Dictionnaire historique et critique" (1695 bis 1697 entstanden), intensiv studiert und auch später immer wieder gelesen. Nach seinen eigenen Bekenntnissen las er *mit Ausnahme der Bibel in keinen Büchern lieber als in Bayles Werken.*

Dabei trug der unerbittliche Kritiker Bayle in seinen Werken ein ungeheures Material von vernünftigen Einwänden gegen die christlichen Dogmen zusammen. Als eine Persönlichkeit unbedingter Wahrhaftigkeit schleuderte er alle seine Zweifel und Bedenken, alle seine vernünftigen Einwände gegen die dogmatischen Formulierungen des Christentums rückhaltlos in die Öffentlichkeit. In seinem „Dictionnaire" leuchtete Bayle in die Intimitäten hinein, enthüllte die ganze Welt der Erotik und Sexualität, nahm keine Rücksicht auf Stand und

Rang und Glaubensbekenntnisse derer, die er vornahm und hielt oft erst hart an der Grenze des frivolen Spottes inne. Der zersetzenden Kritik gab er tatsächlich alle Zügel frei, um sie zuletzt wieder fest an sich zu nehmen und scheinbar unbefangen als Anwalt der Rechtgläubigkeit aufzutreten, nachdem er die Leser gründlich erschreckt hatte. Ihm erlagen schließlich nach anfänglichen Protesten die Gelehrten des 18. Jahrhunderts wie einer Epidemie. Man dachte wie Bayle, man urteilte wie Bayle. Man glaubte das wenigstens.

Den jungen Zinzendorf fesselte die bewunderungswürdige Aufrichtigkeit und Wahrhaftigkeit des französischen Kritikers, der alle Unwahrheit und Verlogenheit der Zeit ohne Rücksicht auf persönliche Nachteile haßte und nicht müde wurde, sie in ihren versteckten Formen noch aufzuspüren und zu entlarven. Pierre Bayle entsprach einer Stimmungslage, die auch unmittelbar auf den jungen Reichsgrafen wirkte. Das 17. Jahrhundert endete in Respektlosigkeit, das 18. Jahrhundert begann mit Ironie. Der Roman wurde satirisch, der Spott überschwemmte alles.

Hier erwies sich der Graf als echtes Kind der Zeit. Das Temperament Bayles, seine sprühenden Geistesblitze, die verschwenderische Fülle seiner Anregungen, die Vielfältigkeit seiner Gesichtspunkte, ein glänzender Stil, der sich immer neu ins Sarkastische steigerte, sein Drängen auf Klarheit und Wahrheit, all das, was diesen Franzosen in seiner erstaunlich ungebrochenen Vitalität auszeichnete, war dem jungen Zinzendorf von vornherein sympathisch. Wohl aus dieser Zeit, da Zinzendorf in Holland Basnage, dem Freund des verstorbenen Pierre Bayle, begegnete, stammte seine Neigung, satirische Anekdoten vor dem Einschlafen zu lesen.

In Holland trennten sich die beiden ungleichen Brüder. Der Stiefbruder reiste nach Deutschland zurück. Der junge Zinzendorf begab sich am 2. September 1719 in Begleitung seines Hofmeisters Riederer und eines Dieners nach Paris. Am 27. September erreichte man die Stadt, wo man sich bis zum 24. April 1720 aufhielt.

Ludwigs XIV. sterbliche Reste lagen seit vier Jahren in der Kathedrale von St. Denis, der Grabkirche ungezählter französischer Herrscher. Sein Sohn und seine beiden Enkel waren vor ihm ins Grab gesunken. Der Thronanwärter, der spätere Ludwig XV., war noch fünfjährig. Für ihn regierte der sittenlose Onkel, Philippe III., Herzog von Orléans. Dessen Mutter, die berühmt gewordene Liselotte von der Pfalz, erzählte dem jungen Zinzendorf, „sie habe seinen Herrn Vater und Oncle vor vierzig Jahren sehr wohl gekannt, und sei der erstere ein schöner Herr gewesen“.

Sie stellte den jungen Grafen auch dem Regenten vor. Glühend vor stolzer Begeisterung berichtete Zinzendorf seiner Mutter am 12. April 1720: *Es ist mir vorgestern eine Ehre widerfahren, dergleichen noch keinem Deutschen, noch sonst jemand begegnet zu sein glaube, nämlich, daß mich Madame selbst an den Regenten praesentieret.*

Sonst hatte der junge Graf manchen Ärger und Verdruß. Mit dem kaiserlichen Gesandten, der Wien am Hofe vertrat, kam er nicht zurecht. Gesundheitlich ging es ihm nicht besonders. Die Blattern, die im November 1719 in Paris grassierten, verschonten ihn nicht. Es war nicht zu spaßen damit, viele starben daran. Auch er meinte schon, Abschiedsbriefe schreiben zu müssen. Die Ärzte schnitten ihn in die Gesichtshaut, um Blut abzuzapfen. Zeitlebens blieben die Narben. Trotz äußerster Sparsamkeit klagte er: *Ein jedes Vierteljahr in Paris nimmt 1000 Taler weg, und dabei lebe ich in einem Stübchen, darin ich mich kaum umwenden kann.*

Die Stadt sah er sich gründlich an, besuchte die Oper und blieb beim Opernball, obwohl er selbst jeden Tanz ablehnte. Seinen Hofmeister ließ er nicht allein in die Spielhäuser gehen, als dieser sie unbedingt sehen wollte, die damals zugleich Bordelle waren. Er fühlte sich für ihn in dieser sittenlosen Stadt verantwortlich.

Gewissenhaft wurde der Tag eingeteilt. Den Vormittag über war er auf der Reitbahn. *Atticus hat in zwei Monaten, die er hier geritten, doch so viel profitiert, daß man ihm die stärksten Springer frei zu reiten gibt . . . Er reitet, was man ihm gibt, wodurch er sich in die Gunst des Oberststallmeisters so weit gesetzt, daß er ihm Pferde gibt, die man sonst in fünf bis sechs Monaten nicht leicht bekommt. Man lernt fest sitzen und wird kühn.* In seinem Tagebuch zählte er die edelsten Pferde mit Namen und kurzen charakteristischen Beschreibungen auf.

In den Mittagsstunden studierte er die Bibel, so daß er in den französischen Salons in den Ruf geriet, die ganze Schrift auswendig zu wissen. Darum öffnete sich ihm die Pariser vornehme Gesellschaft, teils in offener Sympathie, teils in der versteckten Absicht, ihn in verfängliche Situationen zu bringen und auf die Probe zu stellen. Denn bei seinem nachmittäglichen Privat-Tanzunterricht weigerte er sich grundsätzlich, mit Damen zu tanzen.

In sittlichen und religiösen Fragen kannte er keine Konzessionen. Wenn man hier zu spotten anfing, wurde der sonst so heiter-liebenswürdige Zinzendorf schroff und rief bewußt peinliche Situationen hervor. Als ihn einmal ein Kavalier augenzwinkernd fragte, ob ihm nicht seine schöne Tochter gefalle, entgegnete er ihm *in ihrer Gegenwart mit einem lauten Nein, so daß alles schwieg und die Tafel aufgehoben wurde.* So wehrte er sich in einer schwülen Atmosphäre und schuf den Abstand, den er gemäß fand.

Er wußte, was diese Stadt, das hellwache Auge Frankreichs, in sich als Zündstoff barg. Man schätzte damals die Zahl der erklärten Gottesleugner allein in der Metropole Frankreichs auf 60000. Man kokettierte selbst in den aristokratischen Kreisen mit dem Atheismus. Zinzendorf wurde förmlich von einem Salon zum anderen herumgereicht, weil dieser Reichsgraf „so felsenfest an Gott glaubte".

Auch andere Dinge belasteten den jungen Zinzendorf. Wenn er die tonangebenden Damen der hohen Gesellschaft kennenlernen oder auf ihren Wunsch hin sie besuchen wollte, mußte er sich in deren morgendlichen Ankleidezimmern einfinden. *Ich habe mich sonst ganz grausam über die Toiletten in Paris geärgert. Denn da lassen sich die Damen ganz bloß ausziehen, die Kavaliere stehen nun, wo sie wollen. So haben sie einen Spiegel hinter und einen vor sich; die Kammerfrauen gehen dann ganz gemächlich mit dem Anziehen um; manches Mal fallen die Kleider wieder ab, das lassen sie sich auch gefallen, außer, daß sie dann wacker fluchen. Ja, möchte jemand sagen, weshalb kommen die Kavaliere so früh? Es ist aber gegen 12 Uhr bei den Ordentlichen, sonst auch wohl gegen 2 oder 3 Uhr, daß man an das Aufstehen denkt.*

Man lebte und schwärmte die Nächte in der Barockzeit hindurch. Frisieren, Pudern und Schminken nahm so viel Zeit beim Aufstehen in Anspruch, daß diese Zeit dazu benutzt wurde, die Visiten anzunehmen. Zahlreiche Damen erwarteten eine tadellose Haltung des Kavaliers, der sich hinter einen der Wandschirme stellte oder setzte. Andere, die den Ton angaben, forderten ein lüsternes Spiel heraus.

Doch alles, was hier in Paris auf den jungen Zinzendorf einstürmte, trat über einem anderen Ereignis bald in den Hintergrund. Er suchte katholische Gottesdienste auf, beschäftigte sich intensiv mit der Lektüre katholischer Schriftsteller und wurde bald auf die markanteste katholische Persönlichkeit der französischen Hauptstadt aufmerksam. Die merkwürdigste, auch ergreifendste Freundschaft, die er je geschlossen hat, nahm in Paris ihren Anfang. Sie verband ihn mit Louis-Antoine de Noailles, dem Kardinal und Erzbischof von Paris,

Louis-Antoine Kardinal de Noailles (1651–1729).

der bereits in sein siebentes Jahrzehnt schritt, während der Reichsgraf erst neunzehn Jahre alt war. Ein größerer Kontrast als der zwischen dem jungen protestantischen Reichsgrafen und dem Vertreter der damals reichsten und mächtigsten, der französischen Prälatenkirche, die stolz eine gewisse Selbständigkeit innerhalb der katholischen Weltkirche betonte, läßt sich kaum denken.

Der Kardinal gehörte zu den wissenden Männern, die sich keiner Täuschung über die katastrophale religiöse und sittliche Situation in Frankreich hingaben. Die Jesuiten beherrschten eindeutig den Hof und bestimmten die äußere und innere Politik des Landes. Je mehr Zweifel über die herrschende Religion in die französische Gesellschaft einsickerten, um so fanatischer drang man hier auf eine Steigerung der äußeren Andachtsübungen. So verbarg sich nun auch die religiöse Gleichgültigkeit hinter intensiver Devotion.

An der Spitze der wachen Kräfte, die sich gegen diesen rapiden Absturz in Veräußerlichung und Entleerung wehrten, stand der alte Kardinal. Er hielt seine Hände über der Reformbewegung des Neu-Jansenismus, der unter Berufung auf den Kirchenvater Augustinus echte Frömmigkeitskräfte zu wecken suchte. Rom griff in die Streitigkeiten, die über der Bulle „Unigenitus" von 1713 entstanden waren, zugunsten der Jesuiten ein und blieb bei der Verwerfung des Neu-Jansenismus. Der Kardinal antwortete mit lang anhaltendem Widerstand. In dieser Situation lernte Zinzendorf ihn kennen. Es kam zu zahlreichen Begegnungen, die in seinem Tagebuch lebendig geschildert werden und in dem inzwischen veröffentlichten Briefwechsel zwischen beiden Gesprächspartnern wohl noch plastischer heraustreten.

Auf eine sehr zurückhaltende Art und Weise, aber nicht ungeschickt, versuchte der Kardinal den jungen Reichsgrafen zur katholischen Kirche hinüberzuziehen. Was ihm dieser Kirchenfürst über die Schwächen der eigenen, aber auch über die der protestantischen Kirchen freimütig sagte, machte Zinzendorf sehr nachdenklich. Den Bekehrungsbemühungen des Kardinals begegnete der junge Reichsgraf mit dem gleichen „Bekehrungsgeist".

Die oft auf dem Lustschloß Conflans geführten, vertrauten Gespräche begründeten schließlich eine große Freundschaft und einen jahrelangen Briefwechsel. *Es gab Gott Gnade, daß der Kardinal einen so guten Eindruck von Zinzendorfs Glauben bekam, daß er den Freund nicht mehr in der Hoffnung der Änderung, sondern als ein Kind Gottes von Herzen lieben zu wollen versicherte.* Über alle Zäune hinweg fanden sie ein großes, sie erfüllendes Gesprächsthema, die Vertiefung *in das unergründliche Meer des Leidens und Verdienstes Jesu und die dadurch erworbene Gnade, selig und heilig zu werden.* Der

Schimmer der alten christlichen Mystik lag über den Gesprächen. Ihre ganze Zeit war, soweit man nicht der Skepsis verfiel oder sich in äußeren Frömmigkeitsübungen zufrieden gab, von einer Europa überflutenden mystischen Welle erfaßt. Die Frömmigkeitsäußerungen im großen Gefühls- und Glaubensumbruch des 18. Jahrhunderts sind bei all den großen Persönlichkeiten unglaublich kompliziert und komplex gewesen.

Die Freundschaft zwischen Zinzendorf und dem Kardinal bestand trotz mancherlei Spannungen und krisenhafter Zuspitzungen bis zu dessen Tod 1727. Der Briefwechsel, im Stil der Zeit geführt, orientierte sich an der Wahrheitsfrage und war so taktvoll abgefaßt, daß die Überzeugungen des anderen dabei nicht verletzt wurden. An dem, was beide unter den edelsten Gütern ihrer Kirche verstanden, entzündete sich immer neu das Gespräch. Hier war ein wahrhaft ökumenischer Ton in einer Zeit zu vernehmen, in der man noch unermüdlich Skandalnachrichten über die anderen Kirchen sammelte, um sie „mit geistigen Waffen“ zu vernichten.

Zinzendorf wuchs nicht zuletzt durch diese Freundschaft mit dem französischen Kardinal in seine Berufung als einer der großen Bahnbrecher der ökumenischen Bewegung hinein. Bereits der Aufenthalt in Holland, wo er staunend das friedliche Neben- und Miteinander der verschiedenen Konfessionskirchen und Gruppen beobachtete, hatte ihn zu einem entschiedenen Verfechter der von Westeuropa ausgehenden Toleranzgesinnung gemacht. Nun weitete sich sein Lebensprogramm noch mehr.

Der junge Graf hatte entdeckt, daß hinter der theologischen Sphäre „eine sehr breite gemeinsame Schicht des Glaubens und des religiösen Lebens vorhanden ist, die quer durch alle Konfessionen hindurchgeht“ (Ernst Benz). In den Erbauungs-, Gebet- und Gesangbüchern der verschiedenen Konfessionen ist das greifbar. So ließ Zinzendorf durch den französischen Hugenotten Samuel de Bauval eine französische Übersetzung von Johann Arndts „Vier Bücher vom wahren Christentum“ herstellen. An diesem, in der lutherischen Kirche entstandenen Erbauungsbuch, in dem zahlreiche alte Mystiker der katholischen Zeit zu Worte kommen, hatten sich schon viele evangelische Generationen in ihrer Frömmigkeit genährt. Zu den zahlreichen Übersetzungen gesellte sich nun noch die französische, deren Widmung der Kardinal nicht abwenden konnte. Ein Jahr nach dem Tode des französischen Kardinals gab Zinzendorf noch ein *Christkatholi-*

N. L. von Zinzendorf, Ölgemälde von A. S. Belle, 1720 in Paris gemalt.

sches Gesang- und Gebetbuch im Gedenken auch an jene Freundschaft und zur Stärkung eines ökumenischen Bewußtseins heraus. Denn hier faßte er die evangelischen Christuschoräle mit den damals noch zaghaft angestimmten katholischen Christushymnen zusammen. Bei dem erstgeborenen Söhnlein Zinzendorfs hat der Kardinal das Patenamt angenommen. Noailles' Bild stand auf des Grafen Stehpult.

Schon in Frankreich gewann Zinzendorf seine ihm eigentümliche Stellung zu dem Problem der gespaltenen Christenheit. Er verfolgte sie bis in die Urchristenheit und in den Gegensatz zwischen Petrus und Paulus zurück. Die dunklen und schuldhaften Seiten dieser Zerrissenheit übersah er nicht. Die Abgründe der konfessionellen Polemik zu studieren, hatte er in Wittenberg genug Gelegenheit gefunden. Er sollte auf seinem Lebensweg hier noch manches ausstehen. Doch er gewann allem auch eine positive Seite ab: Die Fülle des Evangeliums bricht sich in den Völkern und Rassen verschieden. Der menschensuchende Gott paßt sich an die Verschiedenartigkeit an. *Es ist durch* des *Heiligen Geistes gnädige Vorsehung geschehen, daß gewisse Kirchen oder Congregationes errichtet worden . . . da Jesus Christus doch Basis, Grund und Eckstein ist. – Es sind der Wege tausend . . . man muß alle Wege offen lassen, dadurch Gott einem auf die, dem andern auf jene Art zu Hilfe kommen kann . . .* Die Schaffung einer Superkirche, in der alle Konfessionen aufgehen, hat nie in Zinzendorfs Sinn gelegen. Die Verschiedenartigkeit der Christenheit gehörte für ihn zur Gestalt dieser vergänglichen Welt.

Paris war nicht wie bei manchen, auch unter den Kommilitonen Zinzendorfs, zu einem großen Grab für seinen Glauben geworden.

Ecce homo. Ölgemälde nach dem Original von Domenico Fetti.

Auf der Hinreise sah er in der kurfürstlichen Galerie in Düsseldorf das im Grunde genommen mittelmäßige Bild des italienischen Malers Domenico Fetti, das heute in der Münchner Pinakothek hängt. Es zeigt den Schmerzensmann in einer etwas sentimentalen Manier mit der Unterschrift: „Ego pro te hæc passus sum; Tu vero, quid fecisti pro me“ (Ich habe dies für Dich gelitten, was tust Du wahrhaftig für mich?).

Mir schoß das Blut, daß ich hier auch nicht viel würde antworten können und bat meinen Heiland, mich in die Gemeinschaft seines Leidens mit Gewalt zu reißen, wenn mein Sinn nicht hineinwollte. Eine völlig neue Richtung hat dieses Erlebnis seinem Leben nicht gegeben. Es fügte sich in die Reihe vieler bedeutsamer Stunden und bestärkte ihn, auf dem eingeschlagenen Weg weiterzugehen. Das Düsseldorfer Erlebnis ist in der Zinzendorf-Literatur oft maßlos übertrieben worden.

In dieser Haltung verließ er Frankreich, um sich wieder in die Oberlausitz zu begeben, ein Staatsamt anzunehmen, eine Standesherrschaft zu erwerben, um auf dieser Basis seine eigenen Lebensziele zu verfolgen.

Auf der Reise durch Franken und Thüringen kehrte er in verschiedenen, mit den Zinzendorfs blutsverwandten Grafenhäusern ein. Zuerst nahm er Aufenthalt bei der „schönen Susi“, seiner Tante, der Frau von Polheim auf Oberbürg bei Nürnberg. Hier gewann er die reizende Tochter, *die Juliane so lieb,* daß er ihr offenbar sofort einen Heiratsantrag machte. Es war seine erste Liebe. Juliane zog jedoch seinen Stiefbruder vor, den sie am 20. November 1720 heiratete.

Von Oberbürg begab sich Zinzendorf nach dem Schloß Castell zu seiner Tante, der anderen Schwester seines verstorbenen Vaters, der verwitweten Gräfin Dorothea Renata von Castell. Hier fielen seine Blicke auf die siebzehnjährige Tochter Theodore. Sie *ist ein holdseliges, liebes Mädchen und der Juliane, welche mein Bruder bekommen, weit vorzuziehen.* Heiter und froh, verlebte Zinzendorf die Tage in Castell, wie später nie wieder. Lieder entströmten seinem Herzen. Doch Theodore von Castell erwiderte seine Neigung nicht, sondern reichte Zinzendorfs auf der Kavalierreise neugewonnenem Freund, Heinrich XXIX. von Reuß-Ebersdorf, einem regierenden Reichsgrafen, die Hand. Für Zinzendorf waren damit tiefgehende innere Erschütterungen verbunden. Er wurde skeptisch gegenüber der Stimme des Blutes.

In Ebersdorf begegnete er schließlich der gleichaltrigen Komtesse Erdmuthe Dorothea von Reuß. Es war keine stürmische Werbung, die der junge Zinzendorf hier nach langem Zögern und Prüfen vorbrachte. Die junge Gräfin, die ihm nach reiflichem Überlegen ihr Jawort gab, war in der schlichten und klaren Frömmigkeit des Hauses Reuß erzogen worden. In ihr fand Zinzendorf die Frau, die es wagte, diesem außergewöhnlichen Manne ein vorbehaltloses, für sie oft schmerzensreiches Lebensopfer zu bringen. Es war gut, daß er nicht die verwöhnte und innerlich noch ungefestigte Theodore zur Frau gewonnen hatte, bei der sich später mancherlei Launen zeigten.

Über das vergebliche Verliebtsein in die Komtessen von Polheim und von Castell sind zahlreiche Einzelheiten bekannt und veröffentlicht worden. Die Ritterlichkeit des jungen Zinzendorf, sein Glaubensernst und seine sittliche Haltung blieben ein Band zwischen ihm und den ihn als Ehepartner verschmähenden Gräfinnen. Theodore von Reuß-Ebersdorf zog als Witwe nach Herrnhut und hat dort noch 28 Jahre als eine treue Mitarbeiterin Zinzendorfs im Chor der Witwen gewirkt. Juliane von Polheim, die Gattin seines Stiefbruders starb nach sechseinhalbjähriger Ehe bei der Geburt ihres fünften Kindes am 6. März 1727. Die Verbindung zu Nikolaus Ludwig von Zinzendorf, mit dem sie den religiösen Ernst teilte und ihm hier naheblieb, war nicht abgerissen. Erschüttert stand er an ihrem Totenbett. *Mir hat sie viel hundert Tränen gekostet. Mein Bruder hat seinen Zweck* (sie zu beerben) *nicht erreicht.*

Der Hofrat geht in Dresden stürmische Wege

Der in Oberbürg und Castell abgewiesene Freier brachte aus beiden Herrenhäusern doch eine Beute mit in die Oberlausitz. Er gewann eine kleine Gefolgschaft. Aus Oberbürg schloß sich Zinzendorf der Hausvogt Heitz, ein Schweizer, an, den man dort entbehren konnte und der innerlich mit ihm übereinstimmte. In Castell entdeckte der Graf einen elternlosen Bauernjungen, Tobias Friedrich, den er im Gasthof die große Baßgeige spielen sah. Dieser hochmusikalische Knabe gefiel dem Grafen auf den ersten Blick. „Der Graf sagte ihm ein Wort vom lieben Heilande, welchem er ganz allein in der Welt dienen wollte." Das hat der damals Vierzehnjährige nie vergessen. Er wurde zunächst sein „Kammer-Lakai", später „Hausmeister", zuletzt sein „Sekretär". Tiefe Trauer herrschte, als er 1736 heimging.

In Ebersdorf wurde Zinzendorf der Page von Larisch übergeben. So sammelte er bereits seine erste Mitarbeiterschar, eine kleine Hofhaltung. In Dresden stieß noch sein Freund Friedrich von Wattewille, ein Schweizer, zu ihm, der einst mit ihm das Pädagogium Regium in Halle besucht hatte. Er wich nicht mehr von des Grafen Seite, der ihm jetzt half, seinen zerbrochenen Glauben wiederzugewinnen.

Den feierlichen Akt seiner Volljährigkeitserklärung erlebte Zinzendorf 1721 in Berlin bei seinem Stiefvater. Was sollte er nun beginnen? Es boten sich ihm scheinbar mehrere Möglichkeiten an. Der Vorschlag, sich in Ebersdorf niederzulassen, kam doch nicht recht in Frage. Ein still zurückgezogenes Leben ohne Amt war auch für ihn undenkbar. August Hermann Francke in Halle bemühte sich um ihn. Durch seinen Freund, den Grafen Henckel, ließ er Zinzendorf einladen, sich seinem Werk zur Verfügung zu stellen. Doch die Landvögtin schrieb einen harten Brief an Francke: *Das wäre meine Führung nicht, dazu hätte sie mich nicht studieren lassen.*

Die Großmutter war klug genug, dem nach Selbständigkeit verlangenden Enkel eine Standesherrschaft anzubieten. Es handelte sich um den ihr gehörenden Gutsbezirk Berthelsdorf, der an Großhennersdorf angrenzte. Auf die ersten Andeutungen der Landvögtin hin ließ der junge Graf durch seinen Hofmeister Heitz, einem tüchtigen Landwirt, sofort das verfallene Herrenhaus in Berthelsdorf instand

Berthelsdorf, Schloß, Hoffront, Zeichnung von M. von Wagner.

setzen und fühlte sich nicht sehr betroffen, als man von allen Seiten ihn wegen dieser Voreiligkeit heftig tadelte. Er wußte, was er wollte. *Ist denn ein eingerichtetes Haus eine solche Realität? Ja, da brauchst Du nicht mehr in Hennersdorf zu sein, unter den Familienbefehlen zu stehen, von jeder Stunde und von jedem Tage Rechenschaft geben. Denn Du bist nun emanzipiert und hast Deine Hofhaltung für Dich.* Die feierliche Zusprechung erfolgte am 15. Mai 1722. Der Kaufpreis verschlang sein ganzes Vermögen von 20500 Talern. 5500 Taler mußten noch als Schulden auf dem Gut stehenbleiben. Gehuldigt wurde dem neuen Standesherrn nach einem Festgottesdienst am 19. Mai durch die Bevölkerung im großen Saal des Herrenhauses.

Der Hofmeister Heitz und nach ihm Friedrich von Wattewille haben in den nachfolgenden Jahren das bisher verpachtete Gut, das schwer herabgewirtschaftet war, hochgebracht. Beim Kauf stand nicht ein Pferd im Stall. 1727 zählte man 8 bis 12 Kutschen und Pferde. Die Schloßwirtschaft ernährte nun fast hundert Leute, darunter zwölf Diener in Livree. Der Wert der angeschafften Möbel, des Silbers und Goldes wurde auf 4000 Taler geschätzt. Der Verkaufswert des Gutes, zu dem noch Oberberthelsdorf hinzugeschlagen werden konnte, steigerte sich bei der jährlichen Ertragshöhe von 5000 Talern auf 100 000 Taler.

Zu gern wäre der junge Graf einer Berufung in den Staatsdienst nach Dresden ausgewichen. Als sie vorlag, weigerte er sich, die ange-

Blick auf Dresden vom rechten Elbufer,
Gemälde von Bernardo Belloto, 1748.

botene Stelle als Rat am Ober-Appellationsgericht anzunehmen. Dafür bot man ihm eine unbezahlte Stelle als Hof- und Justizrat in der Landesregierung an. Nun mußte er auf Befehl der Landvögtin zusagen. Den Versuch, die Verbindung mit seinem Vetter, dem Kronprinzen von Dänemark, aufzunehmen und eventuell nach Kopenhagen auszuweichen, vereitelte die Großmutter.

Von dem sofort ausbedungenen Recht, im Sommer beliebig Urlaub nehmen zu können, machte Zinzendorf immer ausgiebiger Gebrauch. Im ersten Amtsjahr 1722 blieb der unbezahlte Hofrat neun Monate in Dresden, 1723 nicht mehr als fünf, im Jahre 1724 nur vier, 1725 sechs, 1726 nur drei Monate. Zuerst fand er wenig Gefallen an seinem Dienst. Zu den Frühaufstehern und den Ersten, die sich in den Amtsstuben einfanden, gehörte er nicht. *Weil etliche dem Herrn Grafen Vorgesetzte Räte so unmenschlich arbeiteten, war, wenn man um 7 Uhr auf die Regierung kam, selten mehr etwas übrig, als einen Zuhörer abzugeben.* Doch fand Zinzendorf allmählich Geschmack an den Regierungs- und Verwaltungsgeschäften und arbeitete sich ausgezeichnet ein.

Einen wirklichen Überblick über seine amtliche Tätigkeit als Hofrat, der uns ein abschließendes Urteil gestattet, besitzen wir nicht.

Der Arbeitsumfang ist bis zuletzt größer gewesen, als es der Graf später selbst zugestehen wollte. Glänzende Erfolge heimste er nicht ein. Sein Bemühen, eine schrittweise Justizreform durch eigene Vorschläge in die Wege zu leiten, war vergeblich, obwohl er bis zu den maßgebenden Männern in der nächsten Umgebung Augusts des Starken vordrang und diese ihn durchaus respektierten. Ein bequemer und willfähriger Staatsdiener wurde er nicht. Die ihm 1725 zugeschobene große Kassenrevision in dem korrupten Staat gab er schnell wieder zurück, als man ihm ein sauberes Arbeiten nicht zugestehen wollte.

Gelernt hat er viel in diesen Umständen, und er pflegt vielmals zu sagen, daß die Regierungsmethoden ihm in dem Umgange mit so vielen Menschen und in dem Herausfinden des Cardinis rerum (springenden Punktes), *wo er oft versteckt gewesen, ungemeine Dienste getan habe.*

Es war eine nach vielen Seiten höchst interessante Zeit, in der Zinzendorf in Dresden weilte. Von 1720 an verwandelte sich das Bild der Residenzstadt. Es wurde fieberhaft gebaut. 1722 vollendete der geniale Baumeister des Zwingers nicht nur dieses unvergleichliche

Meisterwerk, sondern auch das Pillnitzer Sommerschloß im Zeichen orientalischer Märchenpracht. Über der fremdartigen Silhouette jenes Wasserpalais liegt noch heute der Schimmer einer bezaubernden, fernen Welt.

Der Zwinger, kein Palast, sondern eine herrliche, dekorative Kulisse aus Stein für die fürstliche Prachtentfaltung und Feste, sah in diesen Jahren Tierhetzen, Maskeraden, Karussellreiten und figurenreiche Aufzüge. Damals sind die fürstlichen Kunst- und wissenschaftlichen Sammlungen zusammengetragen worden, die den Weltruf der Dresdner Museen begründeten.

Besonders ausgelassen wurde der Dresdner Karneval 1723 gefeiert. Man war tagelang auf den Beinen. Das Residenzschloß füllte sich mit maskierten Aufzügen. Das Leben war zu einem Schauspiel, zu einer Komödie, zu einer Maskerade geworden.

Hier fühlte sich Zinzendorf wie ein Fremdling. 1722 war dem König das letzte uneheliche Kind geboren worden. Doch trieb es der an Zuckerkrankheit leidende und rasch alternde Fürst noch toll genug. Zinzendorf sah, wie viele Männer und Frauen seines Standes in dem rauschhaften Hofleben innerlich ausbrannten. Nicht immer geschickt, versuchte der junge Hofrat seine Warnungen anzubringen. Bei einer Heiratsvermittlung, wo er eine junge Gräfin von Reuß-Greiz vor der bösen Welt zu schützen suchte, verbrannte er sich gehörig die Finger. Die Witwe entpuppte sich schließlich als eine sehr lebenslustige Dame. Viele lachten über den jungen Zinzendorf, die eigene Verwandtschaft ärgerte sich weidlich über seine Einmischung.

Wie in Paris bot Zinzendorf dem Stadtklatsch bald genug Gesprächsstoff. Er fing drei tolle Dinge an. Er mischte sich unter die Bürger und übernahm einen verwaisten Bibelstudienkreis der nach dem Baltikum zurückkehrenden Frau von Hallart und verlegte ihn schließlich in seine Wohnung am Kohlmarkt. In dem Haussaal versammelten sich schließlich gegen hundert Personen Woche für Woche. Es gehörten Hofbeamte, Ärzte, auch Kaufleute und Handwerker mit ihren Frauen zu diesem Kreis der „Freunde August Hermann Franckes“. Unter Begleitung eines Positivs (einer kleinen Orgel mit einem Manual) wurde viel gesungen. Der Graf hielt die Ansprachen. Man vertiefte sich in die Bibel.

Das ging eine ganze Zeit hindurch gut. *In Dresden habe ich ohne Widerspruch meiner weltlichen und geistlichen Oberen alle Sonntage eine auch öffentliche Versammlung für jedermann und bei offenen*

Türen gehalten. Das Singulare dabei war nur, daß ich ein Prediger war, der aus Gehorsam gegen seine Eltern einen Degen trug und auf die Regierung ging. Der liebe Superintendent zu Dresden, D. Löscher, hatte deswegen ein christliches Mitleiden mit meiner unterdrückten Gabe und ließ mich machen.

Dann griff der Superintendent auf verschiedene Anzeigen hin doch ein. Zinzendorf hatte sich in den Veranstaltungen doch zu offen über die Unsitten und die Unsittlichkeit des Hofes und der Stadt ausgelassen. Sie wurden verboten. Nach seinem Wahlspruch: *Contra audentior ito!* (Gehe noch kühner dagegen an!), fand er seinen Ausweg. Er lud nach und nach die bisherigen Teilnehmer gruppenweise an seine gräfliche Tafel und tat im Grunde auch nichts anderes als bisher. Es wurden auf der festlichen Tafel silberne Leuchter mit brennenden Kerzen aufgestellt. Auf schwerem Silber wurden die Speisen aufgetragen. Die dienenden Brüder servierten in Livree. Der Hofrat Zinzendorf im Staatsrock und Festperücke war der liebenswürdigste und fröhlichste Gastgeber. *Die Musik ist die Hauptsache.*

Nach einer gewissen Zeit kam man ungekränkt und ungestört wieder in der alten Weise zusammen.

Mehr Anstoß erregte der Hofrat, als er sich der Separatisten annahm, mißvergnügter Leute, die an den Schäden der Kirche so stark Anstoß genommen hatten, daß sie demonstrativ dem Gottesdienst und dem Abendmahl fernblieben. In einer Zeit, in der man vogelfrei wurde, wenn man sich der herrschenden Sitte nicht unterwarf, stellte sich Zinzendorf auf die Seite dieser Angefochtenen. Es ging ihm um eine echte Toleranz. Als eine der Separatistinnen, die dem Grafen unbekannt war, starb und unter Verweigerung eines Sarges auf dem Schindanger verscharrt werden sollte, griff Zinzendorf ein.

An den Stadtsuperintendenten Löscher schrieb der Hofrat einen sehr scharfen Brief. *Wenn sich unsere Kirche mit solchen wahrhaft babelmäßigen Hilfsmitteln schützen will und damit ihren ungöttlichen Eifer gewaltig verrät, so werde ich aus dieser Sache meine eigene zu machen gedrungen ...* Wenn seine Eingabe keinen Erfolg zeitige, werde er den Sarg anfertigen lassen und *durch höhere Vermittlung ihre Beerdigung passieren lassen. Ich würde mich wenigstens nach meinem Tode gern auf dem Schindanger begraben lassen, ehe ich etwas wider mein Gewissen tun wollte, damit solche unehrlichen Orte zu Triumph- und Ehrenplätzen würden.* Jedenfalls war er entschlossen, im Kavaliersrock, den Degen an der Seite, der Leiche zu folgen und auf dem

Schindanger das Vaterunser zu sprechen. Das hätte einen Skandal erster Ordnung gegeben. Offensichtlich hat Löscher hier nachgegeben, wenn auch keine Aktennotizen über den Ausgang der Sache zu finden sind.

Zinzendorf gewann früh das Vertrauen dieser entkirchlichten Gruppen, jener stillen, oft geheimen Zirkel, die überall in Deutschland bestanden. Es sprach sich schnell herum, daß ein Reichsgraf für diese Verfemten eintrat. Es ist Zinzendorfs Verdienst, daß er nicht nur eine echte Aussprache mit den Separatisten eröffnete, sondern sie auch wirklich aus ihrer starren Verklemmung gelöst hat. Die separatistischen Gruppen und Zirkel zerfielen, wo die Herrnhuter mit ihnen das Glaubensgespräch begannen. Die Staatskirchen waren hier in einer ungünstigeren Situation. Mit ihrer Gemeindestruktur übten sie auf diese bruderschaftlichen Vereinigungen keine Anziehungskraft aus. Durch den staatskirchlichen bzw. kirchenpolizeilichen Zwang, den die Kirchen oft auf diese Schwärmer und Inspirierten ausübten, verstärkten sie eher deren Fanatismus, statt ihn zu entkräften. In einer von kirchenkritischen Stimmen erfüllten Zeit hat Zinzendorf durch diese Heimholung religiös überhitzter und unruhiger Geister Wesentliches geleistet. Viele ehemalige Separatisten und Schwärmer sind später seine hervorragenden und bewährten Mitarbeiter geworden. Doch wer fand sich damals unter den Kirchenleuten bei der Spannweite dieses großangelegten Geistes bei ihm zurecht? Zeitlebens blieb er ihnen verdächtig. Mit einer Fülle von Aufsätzen, die dann in stattlichen Sammelbänden zusammengefaßt wurden, hat Zinzendorf – mit wenig Erfolg – dagegen anzukämpfen gesucht.

Schon in Dresden waren diese Freunde aus den kirchenkritischen Zirkeln seine besten Helfer, als er eine sehr gewagte Sache begann. Mitte 1725 ließ er wöchentlich ein mehrseitiges Flugblatt herausgehen. Sensationell war, daß es ohne Verfassernamen erschien. Noch aufregender war der Inhalt. Hier verspottete nicht nur ein unbekannter Schreiber auf witzige Weise die Zensurvorschriften, die er einfach überging. Das war schon unerhört. Der Inhalt der Flugblätter erwies sich als ein schonungsloser Angriff auf die Schäden der Zeit und der Kirche.

Diese Blätter wurden den Verteilern fast aus den Händen gerissen. In Leipzig begeisterten sich die Studenten dafür. In der Residenzstadt wurden die Flugblätter von Hand zu Hand weitergereicht. Zinzendorf sah sie selbst auf der Regierungsbank liegen. Von den Kanzeln ereiferte man sich gegen den Unbekannten, den man einen Atheisten nannte.

Die erste Ausgabe dieses Blattes hieß *Le Socrate de Dresde, d. i. bescheidene Gedanken eines christlichen Philosophen über allerlei Gutes und Böses in der Welt, seinen lieben Mitbürgern wöchentlich mitgeteilt.* Die nächsten Nummern hießen kurz *Der Dresdnische Sokrates.*

Zinzendorf hatte einen taktlosen Brief eines Pfarrers übermittelt bekommen, der zum Abdruck gelangte. Ein Seelsorger teilte einer Mutter mit, daß er ihrer sterbenden Tochter durch „fleißigen Besuch seelsorgerlich beigestanden" und seine Pflicht redlich erfüllt habe. Peinlich war, daß er nach seinen Trostworten an die kirchlichen Gebühren erinnerte, die für seine Bemühungen noch offenstünden.

Was dann im *Sokrates* folgte, war eine gnadenlose Analyse jener entleerten und mechanisierten Frömmigkeit, für die der abgedruckte Brief die sensationelle Einleitung bildete. Damit beschäftigte sich noch die zweite Nummer, sie kündigte an, daß sie das noch viel gründlicher fortsetzen wolle.

Die Stadtpolizei fahndete nach dem Herausgeber. Doch konnte sie nur einen Verteiler, einen Arzt, und den Drucker ausfindig machen. Aus ihnen war nicht viel herauszuholen. Der Drucker kannte den anonymen Verfasser nicht, der durch Mittelsleute eine gute Bezahlung gab. Die Strafe konnte durch Geldbuße erledigt werden. Das große Rätselraten nach dem Verfasser ging weiter. Nach der Beschlagnahmung der dritten Nummer begann die vierte fröhlich-dreist: *Sokrates hält sich wirklich in Dresden auf. Daher ist nicht zu verwundern, daß er über die das dritte Stück laufenden Urteile teils mit seinen Ohren gehört, teils aus der Relation guter Freunde erfahren habe. Er begehret weder mit denjenigen, die seine Religion zu wissen vorgeben noch mit denen, die ihm alle Religion absprechen, zu streiten . . . Ich muß heimlich lachen . . .*

Der Oberhofprediger Marperger muß in einem anonymen Schreiben unter anderem von diesem Verfasser des *Sokrates* hören: *Es läßt sich nicht immer aufhören, wenn man angefangen. Sokrates ist insonderheit sehr für Beständigkeit, und da der Herr Oberhofprediger seine Zensur nicht aufgeben kann, so wird sich's Sokrates nicht nehmen lassen, noch einige wenige Stücke hinlaufen zu lassen, die aber hier nicht gedruckt werden sollen.* Der Druckort wurde nunmehr nach Ebersdorf verlegt.

Doch nicht nur mit starren Vertretern einer absterbenden Orthodoxie, die unduldsam war und immer mehr an der Zeit vorbeilebte, rechnete der *Sokrates* ab. Er begann ein Gespräch mit den neuen Vertretern der Aufklärung, und man spürte aus diesen Erörterungen, daß hier ein Verfasser um all die neuen schweren Probleme ehrlich rang.

Von dem Dresdner Stadtsuperintendenten Löscher stammt wohl das Wort: „Guten Gedanken ist man nicht zuwider. Die Wahrheit soll nicht unterdrückt werden. Allgemeine Vorurteile sucht man nicht zu schützen. Nur wird gezweifelt, ob die erwähnte Art des Vortrages den gewünschten Zweck erreiche, sondern Unwillen und teils Gespötte, teils Verbitterung erweckt habe . . . Das Talent kann auf andere Weise wohl mehr Wucher bringen . . ."

1746, über zwei Jahrzehnte später, schrieb Zinzendorf über die Dresdner Zeit: *Ich kam darauf an Hof. Meine Eltern wollten es haben, und ich wußte keinen Ausweg, was wollte ich machen? Ich wollte meinen edlen Schatz konservieren, Gottes Freund, der Welt Feind zu sein und debutierte gegen Hohe und Niedere mit so vielen gutgemeinten Impertinentien* (Ungehörigkeiten), *daß, wenn ich mich noch darauf besinne, mich eines Teils die Comparaison* (Vergleichung) *mit einem . . . Neuling in der Welt anwandelt, anderen Teils die bescheidene Conduite* (Führung) *derer Glieder des Hofs und Ministerii, denen ich mit meiner Andacht beschwerlich fiel, mir immer noch respectable ist. Ich profitierte auch dabei, und fand, daß meine weltlichen Freunde, ohne den Grund, darauf ich stand, zu berühren, an meinem darauf gebauten geistlichen Kartenhäuschen in aller Liebe so lange rüttelten, bis ichs von Herzen über den Haufen fallen ließ. Wäre ich in ihrer Schule unfleißiger und indociler* (ungelehriger) *gewesen, so hätte ich vor meinem Abschiede diejenige Wahrheiten nicht sagen können, die unter dem Namen des „Dresdnischen und Teutschen Socratis" damals herauskamen und von der Welt abermals mit großer Bescheidenheit und Moderation aufgenommen wurden.*

Zinzendorfs *geistliches Kartenhäuschen* hat der Graf Heinrich Friedrich von Friesen, der erklärte Liebling des Königs und dessen Schwiegersohn, ein philosophisch glänzend geschulter und charakterfester Mann, der oft mit Zinzendorf debattierte, zum Umblasen gebracht. Dieser weitgereiste Adelige, der die klassischen Sprachen wie die modernen beherrschte, wußte seinen Gesprächspartner oft in die Enge zu treiben.

Der in französischer Sprache geführte Briefwechsel ist noch erhalten geblieben. Auch hier ging es um die Kernfragen, die sich in der

Aufklärung herauskristallisierten. Neben dem *Sokrates* legt diese Korrespondenz ein eindrucksvolles Zeugnis ab für den radikalen Ernst und die Tiefe, mit der Zinzendorf in die geistigen Auseinandersetzungen der Zeit eingriff.

Der Zinzendorfische Unruheherd in der Oberlausitz

Es war gut, daß der Graf zuerst das Gut gekauft hatte und dann mit dem Heiratsantrag auf dem Schloß zu Ebersdorf angetreten war. In einem Geheimartikel des Ehevertrages übergab er es seiner künftigen Gattin. Unter dieser Voraussetzung, daß die junge Komtesse äußerlich geschützt war, konnte am 16. August 1722 die feierliche Verlobung in Ebersdorf stattfinden. Die Vermählung erfolgte bereits am 7. September unter Beteiligung zahlreicher Verwandter aus den Gräflich Reußischen, Solmischen und Castellischen Häusern.

Die gewaltige Leistung der finanziellen Unterstützung und Sicherung der Unternehmungen Zinzendorfs lag nunmehr größtenteils in Dorotheas Händen. Von hohem Pflichtgefühl erfüllt, hat sie die schwere Aufgabe gemeistert. Sie ist dabei oft überfordert worden, und doch kam nie eine Klage aus ihrem Munde. Als eine außergewöhnliche Frau behauptete sie sich an der Seite eines genialen Mannes, nicht weil sie wirtschaftlich tüchtig war, sondern weil sie aus tieferen Kraftquellen schöpfte.

Zinzendorf hat diese Departementseinteilung immer respektiert. Sie wollten eine ausgesprochene „Streiterehe" führen. Ihre Ehe sollte sich bedingungslos diesem gemeinsamen Streit im Dienste an der Christenheit einordnen. Erdmuthe Dorothea von Zinzendorf war dazu bereit. Über diese Ehe ist viel geschrieben und gerätselt worden, nicht immer mit dem gebotenen Takt. Die Ehe eines genialen Mannes, eines von Urgewalten getriebenen „Streiters", der rastlos von einem Plan zum anderen, von einem gewagten Unternehmen zum anderen vorwärtsstürmen sollte, mußte sich anders gestalten als eine herkömmliche. Die Gräfin hat um diese außergewöhnliche Sendung ihres Mannes gewußt und sie voll bejaht.

Von Berthelsdorf aus gründete der impulsive Graf einen „Vier-Bruderbund" und beschrieb das Programm und die geleistete Arbeit in einem Bericht vom 20. August 1727, der noch heute vorliegt. Er versuchte die Oberlausitz *munter* zu machen. Dazu suchte er sich drei

Berthelsdorf, Kirche.

Verbündete, den Ortsgeistlichen von Berthelsdorf, Magister Rothe, Magister Scheffer, einen Stadtgeistlichen von Görlitz, und seinen alten Freund aus der Pädagogiumszeit, Friedrich von Wattewille.

Zuerst rüttelte er sein eigenes Kirchspiel Berthelsdorf auf. In Magister Rothe besaß er einen hervorragenden und umfassend gebildeten Theologen, der mit fester Hand seine Pfarrgemeinde führte. Der Graf ist in seinem Leben nie müde geworden, ihn zu loben, obwohl er sich später ihm entfremdete. *Ich kann die flammende Kanzel und die gewaltige Predigt in Berthelsdorf zu Herrn Rothes Zeiten nicht vergessen. Er war ein großer Mann und ein wahres Licht seiner Zeit. – Er war keinem Bauer zu dunkel und keinem Philosoph zu seicht. Seine Feinde bewunderten ihn, die Brüder, auch zu der Zeit ihres Mißvergnügens gegen ihn, erkannten und fühlten seine Vollmacht.*

Schließlich strömten die Menschenmassen aus der weiten Umgebung zu diesen Gottesdiensten. Selbst auf dem Gottesacker standen die Zuhörer gedrängt. Neben diesen fesselnden Prediger trat sein *Gehilfe oder Katechet,* wie sich Zinzendorf selbst bezeichnete. Das war sensationell. Ein Reichsgraf setzte sich nach der Kinderlehre *mit Herrn Rothen, August Neißer und Martin Dober vor den Altar und hielt ein Kolloquium, und wer was zu sagen hatte, der redete von seiner Kirchenbank oder vom Chor herunter.* Da war in der Gegenwart des Grafen nichts an Langatmigkeit und Langeweile zu spüren.

Diese Besprechung mündete in ein gemeinsames Singen aus. Hier gelangten Zinzendorf und sein Sangesmeister Tobias Friedrich zu ihrem vollen Recht. Dem Grafen strömten die Lieder oft so unmittelbar zu, daß er sie während der Predigt seines Magisters aufschrieb. Er konnte Lieder improvisieren, so daß, während die Gemeinde die erste Strophe sang, er die zweite dichtete usw. Im Laufe seines Lebens sind über zweitausend Lieder und Gedichte entstanden. Manche von ihnen waren reine Gelegenheitsäußerungen, die mit Recht vergessen worden sind. Wir finden darunter aber auch unvergängliche Schöpfungen, die selbst Goethe bewundernd pries. Manche Lieder verlangten eine Umarbeitung, um zu ihrer vollen Geltung zu kommen. Aus verschiedenen Liedern sind manchmal Strophen genommen und zu einem neuen Lied zusammengefügt worden. Sie haben dadurch nur gewonnen.

Aus diesem zwanglosen und improvisierten Singen im Gotteshaus entstand die berühmt gewordene Singpredigt, *da man hintereinander fortsingt und aus einer Melodie in die andere fällt.* Nach einem Leitgedanken erfolgte das. Vergessen wir nicht, daß das 18. Jahrhundert hochmusikalisch war. Jede Stadt besaß ihre Stadtmusikanten, jedes Dorf seine Singgruppen. Überall wurde musiziert. Auf diesem einzigartigen Hintergrund konnte sich die Barockmusik mit ihren großen Höhepunkten entwickeln.

Eine sonntägliche Abendkonferenz entstand, an der Zinzendorf, Friedrich von Wattewille und Magister Rothe teilnahmen. In diesen Kreis berief man noch den Magister Scheffer aus Görlitz. Mit ihm trat eine interessante und noch stürmischere Persönlichkeit als der Graf in die Runde. Scheffer, „die Trompete von Görlitz“, hatte dort das praktiziert, was Rothe und Zinzendorf sonntäglich im Gotteshaus unangefochten unternahmen. In Görlitz erntete Scheffer damit Sturm. Ein Prediger schleuderte ihm von der Kanzel das Wort entgegen: „Die Bibel unter dem Arm und den Teufel im Herzen.“ Zu ungewohnt und aufregend erschien ihm die freie Form, in der auch Laien mitfragen, mitdenken und mitantworten konnten. Man schöpfte unter seinen Kollegen Argwohn und meinte, der Entstehung einer heimlichen Sekte von Schwärmern und Separatisten vorbeugen zu müssen. Ein Volksauflauf entstand. Über tausend aufgeregte Demonstranten drangen in die Kirche ein, als Scheffer wieder eine solche Veranstaltung hielt. Scheffer begrüßte sie freundlich, sie hörten ihm auch verwundert und still zu, um sich dann geräuschlos zu empfehlen. Diesen Mann mußte Zinzendorf unterstützen.

Er versuchte, wenn auch vergeblich, Scheffer als Oberhofprediger nach Dresden berufen zu lassen. Die Kurfürstin hatte er für diesen Vorschlag bereits gewonnen. Doch verhinderten andere Kräfte seine Berufung.

Nicht alle gemeinsamen Unternehmungen des „Vier-Bruderbundes" zeigten einen dauerhaften Erfolg. Das für junge Adelige der Oberlausitz und Schlesien gegründete Pädagogium löste Zinzendorf 1727 wieder auf, obwohl es mit sichtbarem Erfolg gearbeitet hatte. Das Mißtrauen Halles war erregt worden. Man meinte dort, daß eine Konkurrenz des halleschen Pädagogiums aufgezogen werden sollte. Zinzendorf hatte nur die Oberlausitz und das nahe Schlesien im Auge, das von der Gegenreformation bedroht war. Dort kam Halle nicht recht zum Zuge. Der Graf glaubte, innerlich auf einer Linie mit Halle zu liegen. Halle sah hier schärfer. Von da aus datierte eine betonte Zurückhaltung, später eine heimliche Gegnerschaft Halles Zinzendorf gegenüber, weniger unter August Hermann Francke als unter dessen weniger bedeutendem Sohn, der sein Nachfolger wurde. Der Graf hat dieses gestörte Vertrauensverhältnis nie mehr reparieren können. Halle wich ihm beharrlich aus. Herrnhut und Halle wurden getrennte Brüder!

Der Bruderbund trat auch durch eine Bibelausgabe an die Öffentlichkeit, die als „Ebersdorfer Bibel" bekannt geworden ist. Denn der Graf mußte die in Berthelsdorf aufgestellte gräfliche Druckerei schleunigst nach Ebersdorf verlagern. Er hatte die Pressen in Tätigkeit setzen lassen, ehe er um eine behördliche Erlaubnis nachsuchte, die ihm Dresden aus wohlweislichen Gründen versagte. Man wußte wohl einiges von dem Verfasser des *Sokrates!*

Daß der alte Luthertext teilweise unverständlich geworden war, galt als ein offenes Geheimnis. Doch niemand wagte das öffentlich auszusprechen. August Hermann Francke hatte nur den zaghaften Versuch unternommen, in einer gelehrten Zeitschrift diese Frage anzuschneiden und praktische Vorschläge für eine Bibelrevision vorzulegen. Doch fiel die Orthodoxie über ihn mit einem so starken

Geschrei her, daß er schnell die Finger davon ließ. Warum sollte Zinzendorf nicht versuchen, in eine erstarrte Front eine Bresche zu schlagen? Der Verfasser des *Sokrates* besaß genug Mut und Unbekümmertheit.

Zinzendorf ließ den ganzen Luthertext von Magister Rothe überprüfen und Hunderte von Stellen, *welche in den Grundsprachen* einen *stärkeren Nachdruck haben,* in einem Anhang beidrucken.

Summarische Erklärungen zu größeren Sinnabschnitten der einzelnen biblischen Bücher wurden eingefügt. Doch was wurde daraus? Zinzendorf fügte seine Kampfthesen ein, zum Beispiel: *Das Reich Christi hat keine gefährlicheren Feinde als die zänkischen und hochmutigen Pfarrer, welche nicht das Wort Gottes, sondern ihres Herzens Gedichte predigen.*

Wer ihm übelwollte, besaß Grund, zu protestieren. Dabei bewegte den Grafen eine echte Sorge, die ihn bereits in Dresden zur Ausgabe des *Sokrates* veranlaßt hatte. *Die Herren Theologi haben sich fast müde geredet. Darum müssen Politici aufstehen, Leute, die die Religion nicht benötigen, um sich in der Welt fortzubringen, denen sie an ihrem Vorhaben eher hinderlich ist, die nicht glauben würden, wenn sie nicht überwunden wären, die der Religion spotten würden, wenn sie nicht Weisheit wäre.* Was damals das Kirchentum so schwer zu begreifen schien, hatte Zinzendorf begriffen. Die Stunde der mündigen Laien war gekommen, deren Wort noch nicht so abgenützt war wie das der rein kirchlichen Fachsprache.

Die Vorrede der Ebersdorfer Bibel war sein eigenstes Werk. Sie begann mit den herausfordernden Worten: *Da habt Ihr das gewaltige Buch!* Er bekannte, daß bei mancher Aussage dieses Buches *seine ganze Kritik rege wurde, daß sie sich diesem und jenem entgegenstemmte . . . endlich aber von einer unsichtbaren Kraft übermeistert wurde . . . Ich lernte glauben . . . Ich wollte, daß mir viele kluge und vernünftige Leute nachfolgen wollten.* Das war in der Sprache und mit den Schlagwörtern der Aufklärung gesprochen, wenn er die *Klugen und Vernünftigen* apostrophierte.

Sechstausend Exemplare dieser Bibelausgabe wurden mühelos abgesetzt, ehe die letzten dreihundert Stück der Beschlagnahme verfielen. Man hatte in Dresden Alarm geschlagen. Auf den energischen und gut begründeten Protest Zinzendorfs wurden sie wieder freigegeben. Doch verlor der Graf die Freude daran, eine zweite Auflage herauszubringen, und ließ sich nie wieder auf einen revidierten Bibeldruck ein.

Das Buch stand ihm zu hoch, als daß es den Gegenstand einer häßlichen und unsachgemäßen Polemik bilden sollte.

Der merkwürdige Graf von Zinzendorf verursachte Unruhe, wo er sich auch bewegte, in Dresden wie in der Oberlausitz. Sie griff noch weiter. Zur Krönung des habsburgischen Kaisers Karl VI. als böhmischen König am 3. September 1723 in Prag begab sich auch Zinzendorf mit einem kleinen Gefolge. Er kam zu spät und erreichte den Kaiser erst auf dessen Jagdschloß Brandeis bei Prag.

Was suchte Zinzendorf bei ihm? Wollte er nur dokumentieren, daß er sich Österreich und dessen Fürstenhaus für immer verbunden fühlte? Karl VI. war der Urheber der berüchtigten Religionspatente von 1721. Sie legalisierten die harten Verfolgungen aller evangelischen Bewegungen im tschechischen Volk, das äußerlich katholisch war. Sie führten in dieser Zeit allein in der Stadt Prag in einem Jahr zu einer Verhaftungswelle, die über 1000 Personen in die Kerker brachte.

Die Strafen waren unmenschlich genug: Zwangsarbeit, Deportation an die türkisch-ungarische Grenze in menschenleere Gebiete oder Galeerenstrafe. Mit der Todesstrafe für Ketzerei wagte Karl VI. nicht mehr vorzugehen. Über Europa zog langsam eine neue Welle der Toleranz auf, die vom Westen nach dem Osten drang. Der dreiundzwanzigjährige Zinzendorf schnitt kühn, wenn auch in wohl abgewogenen Sätzen, dieses Thema vor dem mißtrauisch zuhörenden Kaiser an, ohne daß der Monarch in der Lage war, unwillig abzuwehren.

Zinzendorf verstand es, diplomatisch überaus geschickt vorzugehen und doch dabei persönlichen Wagemut an den Tag zu legen. Wie zielbewußt er sich für den Toleranzgedanken einsetzte, um dem schwer ringenden Geheimprotestantismus in den habsburgischen Ländern zu Hilfe zu kommen, zumindestens aber seine Bedrücker unsicher zu machen, zeigte noch seine Unterredung mit dem Grafen Franz Anton von Sporck, dem bekannten böhmischen Mäzen. Sporck stand mit dem französischen Kardinal Noailles, Zinzendorfs Freund, in Verbindung.

Alle Verbindungsfäden, die zwischen Noailles und Sporck wie auch zwischen Sporck und Zinzendorf hin- und herliefen, können wir nicht mehr ausfindig machen. Auch über die eine denkwürdige Unterredung zwischen Zinzendorf und Sporck sind wir ganz ungenügend unterrichtet. Sporcks riesige Bibliotheken und seine Druckereien standen jedenfalls im Dienst der neuen gesamteuropäischen Stimmungslage. Seine Lieblingsidee galt der Vereinigung der christlichen Konfessionen zu einer einzigen großen brüderlichen Gemeinschaft im Geist eines duldsamen und aktiven Christentums.

Ohne auf viele interessante Einzelbemühungen Zinzendorfs einzugehen, steht das fest: Der Graf hat zielbewußt und mit allen diplomatischen Mitteln und Schachzügen eine neue Kultur- und Religionspolitik mitpropagiert. Äußerlich noch erfolglos, hat auch er daran mitgewirkt, daß der Boden für eine spätere Tolerierung des Geheimprotestantismus in den habsburgischen Landen aufgebrochen wurde.

Das konnte auf die Dauer selbst im fernen Wien nicht verborgen bleiben. Man suchte seine Verbindungen mit dem Geheimprotestantismus im aufrührerischen Böhmen aufzudecken. Der Graf stand tatsächlich mitten in einer evangelischen pietistischen Adelsopposition, die von Halle durch Kursachsen bis nach Oberschlesien eine Kette bildete. Eine Auffangorganisation hatte sich eingespielt, die Übertrittswillige, Katholiken aus habsburgischen Staatsgebieten, ob Adelige oder Kleriker, Bauern oder Handwerker, Tschechen oder Deutsche nach Brandenburg-Preußen weiterschleuste. Zinzendorfs Reisen zu den Grafenhäusern Oberschlesiens galten diesem Vorhaben.

Dem Dresdner Hof wurde bedeutet, wie ungern man den neuen Unruheherd in der Oberlausitz nahe der böhmischen und österreichisch-schlesischen Grenze sehen würde. Die Konsequenzen sollten in wenigen Jahren sichtbar werden. Bei dem Geheimen Rat in Dresden, dem Zinzendorf damals als Hofrat angehörte, genoß er noch starke Sympathie, allen Reibereien zum Trotz. Sein ganzes Verhalten war nicht destruktiv. Das sahen diese klugen Männer. Doch die traditionell gewordene peinliche Rücksichtnahme Kursachsens auf die Wiener Politik zwang sie, angesichts ihres katholisch gewordenen Kurfürsten, Akten über den Unruheherd in der Oberlausitz anzulegen. Sie sind zum überwiegenden Teil im Jahre 1945 vernichtet worden.

Der Anmarsch einer bäuerlichen Elite und die Entstehung einer merkwürdigen Stadt

Man kann nicht sagen, daß Zinzendorf bei seiner stürmischen Werbung um Mitarbeiter viel Glück besessen hat. Die jugendliche Schar aus dem halleschen Pädagogium, die sich ihm einst verschworen hatte, war in alle Welt zerstreut. Nur Friedrich von Wattewille blieb unentwegt an seiner Seite.

Der „Vier-Bruderbund" löste sich auf. Magister Scheffer erlahmte bei dem anhaltenden, teilweise sehr gehässigen Widerstand seiner mißtrauischen Kollegen in Görlitz. Von Krankheitsnöten und Familiensorgen bedrängt, wurde er sehr still. Magister Rothe zog sich zurück, als der Graf immer gewagtere Experimente unternahm, und wechselte schließlich in ein ruhigeres Pfarramt über.

Der geniale Graf, der auf eigene Faust Christ war und bisher fast nur Enttäuschungen erleben mußte, empfing eine Elite dort, wo er sie nie vermutet hätte. Ein Zimmermann, Christian David, aus Mähren gebürtig, fragte den nicht einmal aufmerksam zuhörenden Grafen nach einem Asyl für Glaubensflüchtlinge in Berthelsdorf. Zinzendorf sagte nicht nein, dachte aber daran, sie im Vogtland anzusiedeln und damit weit ab von der gefährlichen Nähe zur böhmischen Grenze.

Christian David hielt sich an die Zusage Zinzendorfs und führte auf Schleichwegen über die scharf bewachte böhmische Grenze die ersten mährischen Exulanten nach Berthelsdorf. Der Graf war verreist. In seiner Abwesenheit wies ihnen der Gutsverwalter innerhalb des Gutsbezirks Berthelsdorf unweit einer belebten Landstraße an einer wüsten Stelle ihren ersten Wohnplatz an. Vom Dorf und Schloß Berthelsdorf war er eine gute Wegstunde entfernt.

Christian David (1690–1751).

Unvergeßlich in die Geschichte seines Lebens und Werkes eingegraben ist für Zinzendorf die Fahrt am 22. Dezember 1722 im Kutschwagen von Dresden nach Großhennersdorf mit seiner jungen Frau. Nicht fern von Großhennersdorf, auf der Landstraße von Strahwalde, erblickten die Reisenden abends im Walde am Hutberg ein Licht und ein Häuschen, das früher dort nicht gestanden hatte. Der Graf ließ den Wagen anhalten: *Wir fragten: wem ist dieses Haus? Die Leute sprachen: Euer. Da stiegen wir geschwind heraus und wärmten uns am Feuer. Wie war doch unser Herz entbrannt, da Pilger vor uns stunden, die weit weg von ihrem Vaterland die freie Gnade funden.*

Sie standen vor den ersten Exulanten aus Mähren. Mit dem Hausbau war am 17. Juni 1722, am Tage ihrer Ankunft in Berthelsdorf, begonnen worden und im Oktober waren sie eingezogen. Hier war der Anfang von Herrnhut, jener kleinen Stadt, die in allen Erdteilen bekannt werden sollte. Niemand ahnte etwas von ihrer späteren Bedeutung. Der Graf hieß sie willkommen, sprach ihnen Mut zu und wies sie auf Gottes Treue hin. Dann knieten sie auf den Holzfußboden der Stube nieder. Zinzendorf bat Gott, seine Hand über diesem Hause halten zu wollen.

Diese Glaubensflüchtlinge, die an ihren Händen und Füßen, auf ihren Rücken die Narben aufweisen konnten, die sie um ihres evangelischen Glaubens in ihrer alten, katholisch gewordenen Heimat empfangen hatten, nahm Zinzendorf in seinem kleinen Territorium Berthelsdorf auf. Der Dresdner Oberhofprediger D. Marperger, ein Freund August Hermann Franckes, der in alles eingeweiht war, befürchtete schon Anfang des Jahres 1725 politische Schwierigkeiten in Wien. „Wenn der kaiserliche Hof protestiert, müssen die Mähren Sachsen verlassen."

In Wien war man Jahre hindurch schon nervös. Karl XII. von Schweden hatte auf seinem Siegeszug bis nach Kursachsen für Schlesien den Bau von sechs Gnadenkirchen für die benachteiligten Evangelischen erzwungen. Im Jahre 1709 konnte die Gnadenkirche in Teschen eingeweiht werden. Sie wurde für Wien zu einem Schrecken. Denn 60000 Deutsche, Tschechen und Polen im Umkreis von Teschen bekannten sich auf einmal als evangelisch. Man mußte das in Wien geschehen lassen. Die Bedeutung dieses Vorgangs für den gesamten Geheimprotestantismus im Lande der Gegenreformation war kaum abzuschätzen. Die Widerstandskräfte des bedrohten und ermüdeten Geheimprotestantismus lebten wieder auf.

August Hermann Francke gewährte diesem Aufbruch mit den um Halle gescharten frommen Grafen, die in Oberschlesien Besitztümer hatten, eine großartige Hilfestellung. Der Hallenser vermittelte der Jesuskirche in Teschen glänzende Prediger. Man hoffte in Halle auf eine große Erweckung in Böhmen, welche die Religionsfreiheit ertrotzen sollte, die freilich erst gegen Ende des 18. Jahrhunderts eingeräumt wurde. Durch diese Wiederbelebung eines versteckten Protestantismus waren auch die deutschstämmigen Mähren munter geworden, die nun nach Herrnhut wanderten. In diesem großen Zusammenhang stand der Zug der Exulanten zum Reichsgrafen.

Im Jahre 1727 zählte man in Herrnhut bereits 300 Einwohner, unter ihnen 150 Mähren. Die anderen Leute hatten sich aus fast allen Winkeln Deutschlands eingefunden. Es waren vorwiegend Separatisten, Sonderlinge, Eigenbrötler, die sich aus den verschiedensten Gründen vom kirchlichen Leben, oft in demonstrativer Weise, zurückgezogen hatten und darum in ihrer alten Heimat schikaniert wurden. Ihre „ganze Existenz drehte sich um einen verkehrten Satz der Schrift, über dessen Behauptung sie Verfolgung litten und immer mehr verbitterten . . ." Diese Menschen suchten einen Ort, wo sie ihrem Glauben leben und Brüder finden konnten, die sie verstanden und ihnen in Liebe begegneten. Sie hatten von dem Reichsgrafen gehört, der seine Hände über alle Flüchtlinge hielt und erschienen eines Tages, ein jeder für sich, unangemeldet in der neuen Siedlung.

Das Leben in Herrnhut war nicht leicht. Der Graf war arm und hatte keine Schätze zu vergeben. Man führte auch bald eine Aufnahmekontrolle ein. Es *können sich, da die Leute dort leibeigen und hier frei zu werden hoffen, gar viele unlautere Absichten, die sich auch bereits anfangen zu regen, mit untermengen, um welcher wir Ursache haben, wohl auf der Hut zu sein.* Die Exulanten wurden nach ihren Beweggründen gefragt, die sie veranlaßten, ihre Heimat zu verlassen. Man wollte wissen, ob sie leibeigen gewesen wären, woher das Geld stamme, das sie mitgebracht hatten, was sie hier suchten und *wie sie sich allhier zu nähren gedenken.* Nur wer einwandfrei antworten konnte, wurde aufgenommen.

Dadurch ergab sich eine Auslese von Familien, die durch ihren unerschütterlichen Glauben die Nöte der ersten Ansiedlung überwanden. Der Graf bekam nicht viel ruhige Tage in Dresden. Es sah eine Zeitlang aus, als ob Herrnhut zu einem wahren Ketzernest würde. Die tollsten Gerüchte drangen bereits in die Residenzstadt und erschreckten die Regierung, so daß man ein Einschreiten erwog. Die nach Herrnhut eingewanderten Separatisten waren im Begriff, die Mähren zu verwirren und sie gegen Zinzendorf einzunehmen.

Doch der Graf entsagte 1727 dem Dienst in Dresden, ließ sich einige Jahre beurlauben und widmete sich ganz der neuen Siedlung. Er gab ihr feste Ortsgesetze, die bisher fehlten. Dabei konnte er sich an Vorbilder anlehnen. Längs der böhmischen Grenze waren auf kursächsischem Gebiet nach dem Dreißigjährigen Krieg stattliche Exulantendörfer entstanden. In diesen „Freidörfern", in denen die Glaubensflüchtlinge aus Böhmen sich anbauten, wurden sie von der Leibeigenschaft losgesprochen und konnten sich eine neue Existenz als Weber und Spinner aufbauen. Dafür entrichteten sie den Grundherren, auf deren Boden sie ihre Siedlung erbauten, gewisse Schutzgelder. Herrschaftliche Ortsstatuten regelten das Abhängigkeitsverhältnis zu der Standesherrschaft, ordneten das Dorfleben und räumten den Exulanten ein gewisses Selbstverwaltungsrecht ein. Man war auf beiden Seiten mit dieser Regelung zufrieden.

Zinzendorf gab diesen *Herrschaftlichen Geboten* eine unnachahmliche Prägung. Das Prinzip der Toleranz und Gewissensfreiheit wurde eindeutig zur Geltung gebracht. Auch Katholiken konnten bei ihrer bisherigen Religion bleiben. *Herrnhut soll zu ewigen Zeiten von aller Dienstbarkeit, Leibeigenschaft usw. mit allen seinen statutenmäßigen Einwohnern freigesprochen werden.* Keiner sollte etwas gezwungen tun und von den Statuten nur *soviel unterschreiben,* als sich *für jeden schickte.*

Wie ein Mann traten die Herrnhuter vor und legten nach der Verlesung der Statuten ihre Hände in des Grafen Hand. Hier wurde etwas Neues sichtbar, eine Bruderschaft.

Was Zinzendorf mit den schlichten Männern, ehemaligen Troßknechten, Bauern und Hirten, zusammenband, war eine ganz unsentimentale Bruderschaft. Sie wurde am denkwürdigen Sonntag, den 13. August 1727, noch fester, als sich der Graf und die Brüder, die Mähren voran, auf den gemeinsamen Kirchgang in das Berthelsdorfer Gotteshaus begaben. Da brach etwas ganz elementar unter ihnen auf. Alle Differenzen unter ihnen wurden unwesentlich. *Sie lernten einander lieben.* Damals ist ein neuer Geist über die Herrnhuter gekommen. So wurde Herrnhut eine Stadt der Liebe. Der Brudername wurde zur Anrede unter ihnen allen. Als eine verschworene Gemeinschaft bauten sie miteinander eine Stadt, ein Gemeinwesen auf, wie es die evangelische Christenheit noch nicht gekannt hatte.

Herrnhut, Kirchensaal (Foto vor 1945).

Diese Handvoll Männer und Frauen, Bauern und Handwerker, Studenten und Bürger, einige Adelige, wenige Akademiker ließen sich von Zinzendorf anleiten. Der Graf gestaltete das neue Gemeinwesen, er gab ihm eine Lebensordnung, in der alles auf den Grundton der Freiwilligkeit gestellt war. Die genialen Entwürfe des Grafen blieben nicht ein Stück Papier, weil diese erste Herrnhuter Generation mit ganzer Entschlossenheit an ihre Verwirklichung herangegangen ist.

Man schritt zur Wahl von zwölf Ältesten und errichtete eine Unzahl von Ehrenämtern. Es mußte zuerst auf Dinge geachtet werden, die später als selbstverständlich galten: daß die Stuben gründlich zu lüften sind, daß nichts aus den Fenstern auf die Straßen gegossen wird, daß die Straßen sauber zu halten sind, die Löcher zugeschüttet werden, die Kamine regelmäßig gekehrt und Stuben- wie Hausbrände vermieden werden und andere Dinge mehr.

Jahre hindurch hat der Graf aus einem kulturgesättigten Geschlecht diese hinterwäldlerischen Ansiedler auch in den äußerlichsten Dingen angeleitet, bis der Ort ein völlig anderes Aussehen erhielt, die Lindenalleen gepflanzt und Herrnhut eine schöne Ansiedlung war, deren äußeres Bild schon die Fremden bewunderten.

Die konkreten Forderungen in den Statuten wurden durchgeführt. Von brüderlicher Liebe, von gegenseitiger Rücksichtnahme sprachen die Lebensordnungen. Pünktlichkeit, Gewissenhaftigkeit, Streben nach bester Warengüte und gerechtem Preis wurden zu Selbstverständlichkeiten erhoben. Diese Gemeinschaft beanspruchte im hohen Maße die Mitarbeit aller Glieder nach Gabe und Bewährung. Jeder erhielt ein Amt, etwa die Witwen und Waisen zu beraten, die Kranken und Alten zu versorgen. Eine Reihe von sozialen Einrichtungen und sozialen Funktionen wurden gefördert und die Richtung angezeigt, in der sie sich bewähren sollten.

Ein starker Gemeingeist wurde gefordert. Vieles war einfach revolutionär. Während es in den Lausitzer Dörfern üblich war, alte Eltern, die sich nicht mehr selbst ernähren konnten, wie auch andere Arbeitsunfähige zum Betteln auf die Landstraßen zu treiben, durfte es in Herrnhut nach dem Willen Zinzendorfs kein Proletariat geben. *Ein jeder Einwohner in Herrnhut soll arbeiten und sein eigen Brot essen. Wenn er aber alt, krank und unvermögend ist, soll ihn die Gemeine ernähren. – Kein Sohn soll den Vater oder die Mutter aus dem Hause oder Brot heißen, solange sie bei ihm bleiben und in der Stille ihr Wesen schaffen wollen.*

In Zinzendorfs Wesen lag das Ritterliche. Er sah, wie unter den Lausitzer Bauern die Ehen geführt wurden. In Herrnhut jedoch *sollen die Männer ihre Frauen nicht hart halten oder gar schlagen, die Frauen aber ihren Männern alle Untertänigkeit leisten.* Man muß dazu noch die anderen Äußerungen des Grafen zur Ehe kennen. Wohl behält der Mann in der Ehe die Führung. Doch wie ein Vater seine Tochter behütet und für sie alle väterlichen Gefühle einsetzt, so soll der Mann seiner Frau ritterlich gegenübertreten. Zinzendorf gab keine festen Faustregeln für die Eheführung im einzelnen. Ihre Grundrichtung suchte er zu lenken. Einem vorbehaltlosen *Casus der Untertänigkeit* stimmte er nicht zu. Die Ehefrau ist *Mitgenossin und Mitgehilfin. Das ist eine Sozietät, wie sie zwischen einem König und einer Königin ist, zwischen einem Fürsten und einer Fürstin.*

Die Jugend in Herrnhut war revolutionär gestimmt. Unverheiratete junge Männer erbauten sich ein Brüderhaus, in dem sie zusammen wohnten. Junge Mädchen taten das gleiche und zogen in einem Schwesternhaus zusammen. Dort speiste man miteinander, legte den Verdienst in eine gemeinsame Kasse und schlief in den großen feierlichen Schlafsälen auf den Dachböden der stattlichen Barockhäuser, die in Herrnhut entstanden. Der „Brüderchor“ wie auch der „Schwesternchor“ wählten sich aus ihrer Mitte ihre Choraltesten und gestalteten ihre eigenen Chorfeste und Chorandachten.

Die jungen Männer und die jungen Mädchen begegneten sich bei ihren Gängen durch Herrnhut, in den Werkstätten der Meister und kannten sich selbstverständlich. Doch die traditionellen Treffpunkte am Brunnen, auf den Spazierwegen und vor dem „Gemeinladen“, wo man in Gruppen miteinander schwatzte und tändelte, lehnte man rigoros ab. Die Jugend selbst reservierte bestimmte Stunden einmal für die Mädchen, das andere Mal für die Burschen beim Einkauf, am Brunnen und auf den Wegen. Heute erscheint das wie ein Kuriosum.

Sehr schnell entstand der Vorwurf, die „Chorhäuser züchteten Mönchs- und Nonnenwesen“. Doch wurde in der Brüdergemeine von sexuellen Dingen ganz natürlich geredet. Prüderie war unangebracht. Der Graf konnte sein ganz ungezwungenes Reden über sexuelle Fragen auch praktisch begründen: *Da ist manchmal ein lediger Bruder unter halbnackten Mohrinnen, eine Schwester muß unter den nackten wilden Mannsleuten herumgehen . . . Wer jetzt hingeht, der weiß, daß alles, was Gott geschaffen hat, in seiner Art den Schöpfer preist . . .* Darum soll man den *vermaledeiten Gedanken fahren lassen, daß an einem menschlichen Gliede von Natur mehr Sünde anhafte als am andern.* Die Ertötung des Geschlechtlichen war nicht in seinem Sinn. Christus ist auch ein natürlicher Mensch gewesen. Er hat sich unter das Volk begeben und alles Natürliche ist durch ihn geheiligt. Die Geschlechtlichkeit ist davon nicht ausgenommen.

Für Zinzendorf hing von der rechten und rechtzeitigen sexuellen Aufklärung *oft der Leute Wohl und Wehe im ganzen Leben* ab. Ohne seine Tätigkeit auf diesem Gebiet überzubewerten, ist er hier weiter gewesen als die ganze damalige Erziehungstheorie und -praxis nicht nur im kirchlichen Raum.

Die Verheirateten blieben in ihren eigenen Häusern wohnen. Unter ihnen entstand der „Chor der Eheleute“, wo natürlich keine Geschlechtertrennung bestand. Zinzendorfs entscheidende Aussage über die Ehe hieß: *Sie ist eine bloße Interims-Sache. Sie ist ein Amt und weiter nichts. Und wenn das einmal vorbei ist, so sind wir im Heiland einerlei. In dem ist weder Mann noch Weib . . .* Die Ehe stellte sich für ihn als ein zeitlich befristetes Provisorium dar. Nach dem Tod, in einer anderen Welt, wird der geschlechtliche Unterschied wesenlos.

Später bildete sich eine bestimmte Verheiratungspraxis aus. Die jungen Paare gaben sich das endgültige Jawort erst, wenn das Los günstig ausfiel. Junge Menschen ließen sich aufeinander durch Älteste aufmerksam machen. Hier konnte eine gewisse Starrheit der Formen und Gewohnheiten Platz greifen.

Die Witwer und die Witwen zogen in Witwer- bzw. Witwenhäuser zusammen und bildeten ihre Chöre. Die Gefahr, daß eine solche enge Gemeinschaft zu einer Tyrannei über den einzelnen ausartete, bestand. Sie konnte sich jedoch nicht recht entwickeln. *Sie würden vieles nicht geleistet haben, noch geworden sein, was sie sind, wenn dieser freudige Geist, vornehmlich in ihren ersten Anfängen, sie nicht belebt hätte.*

In Zinzendorfs Erziehungskunst, die sich im Umgang mit den Menschen zeigte, lag unverkennbar etwas Nobles. Er wollte nie gezwungene Leute haben. Zur Vornehmheit gehörte wesentlich bei ihm ein feines Gefühl für Freiheit. Gegen Zuchtlosigkeiten, vor allem auf sexuellem Gebiet, schritt er schonungslos, selbst mit der Strafe der Auspeitschung, ein. Seine innerlich vornehme Natur sträubte sich gegen alles Gemeine, Hemmungslose, das den Menschen im Menschen verriet.

So entwickelte sich unter dieser Führung bei den schlichten und derben Handwerkern Alt-Herrnhuts jener feine Takt, jene Sauberkeit des Gefühls, jene Herzensbildung, die mit zu dem Zauber dieses kleinen Ortes zählen sollten, in den nach den Gründungsjahren unablässig Fremde einströmten, um alles in Augenschein zu nehmen. Als später immer zahlreicher auch Adelige in die Gemeine aufgenommen wurden, trat auch eine äußere Aristokratisierung hervor. In den ledigen Chorhäusern wohnten Stube an Stube Reichsgräfinnen und ehemalige Stallmägde. Die adeligen Mädchen wurden schlichter in ihrem Auftreten, die Mädchen aus dem Volke gewannen jene Anmut, die sie ebenbürtig neben sie stellte.

In einer erfinderischen Liebe hat Zinzendorf nicht nur ein neues Verhältnis zwischen Mann und Frau in seiner Brüdergemeine angebahnt, nicht nur im Appell zur inneren und äußeren zuchtvollen Reinheit. Er hat der Frau und dem Mädchen eine neue Stellung innerhalb einer rein von den Männern geführten Gesellschaftsordnung zugewiesen. Für die evangelische Frau gab es außerhalb der Familie damals noch keine Entfaltungsmöglichkeit. Der Graf schuf sie innerhalb der Schwesternchöre, wo die Frau ihr eigenes Leben entfalten konnte. Hier wurde eine Fülle von fraulichen Ämtern entwickelt. Auf den Synoden und Gemeineversammlungen, die Zinzendorf ins Leben rief, erhielten die Frauen ein Mitsprache- und Abstimmungsrecht. Das war etwas völlig Unbekanntes und Unerhörtes in der damaligen Welt. Die Mädchen- und Frauenwelt dieser Brüderkirche war bereit, bei allen gemeinsamen Zielen mitzuwirken und sich in der Hingabebereitschaft von der Männerwelt nicht beschämen zu lassen. Das alles wachte in der Erneuerten Brüder-Unität auf, in der das alte Erbe der böhmisch-mährischen Kirche zu neuem Erblühen in umgeprägter zinzendorfischer und reichsgräflicher Form gelangte.

In dieser festverbundenen Gemeine zündete ein neuer Gedanke, Zinzendorfs ureigenste Idee, die bei ihm seit seiner Jugendzeit angeklungen war, aber nie den rechten Resonanzboden fand: Die Streiteridee. Sein hochfliegender Geist warf einen begeisternden Gedanken in die Seelen kleiner Bauern und Handwerker, die sich in Herrnhut um ihn scharten. Er entflammte sie zu einer echten Kampfesbegeisterung. Außerordentliche Kräfte und Fähigkeiten brachen nun selbst in Naturen auf, die, auf sich selbst gestellt, sich kaum durchgesetzt hätten. Jetzt wurden sie aber fähig, Großes zu leisten.

Am unmittelbarsten tritt uns die Streiteridee, diese Intuition seines Genius, in den Losungen entgegen, deren Anfänge auf das Jahr 1728 zurückreichen und die in der Form des Herrnhuter Losungsbüchleins weltbekannt geworden sind. Für jeden Tag wurde ein Losungswort ausgegeben, das ursprünglich jeden Morgen durch die Brüder, die von Haus zu Haus gingen, in die Türen hineingerufen wurde. Es wurde zur gemeinsamen Parole. Wer die ältesten Losungsbücher in die Hand nimmt, begegnet hier ganz unmittelbar einer Kampfesfreude. „Schaffe guten Mut, tapfere Heldenglut." – „Ich werde dir zur Ehre alles wagen." Hier gewannen alte Mahnungen eines tapferen Geschlechtes der Zinzendorfs eine späte dichterische Nachblüte in der Glut des Barocks und eine letzte Vergeistigung. Es war ein Nachhall alter Geschlechter, deren Blut in seinen Adern pulste.

Die Streiteridee, der Gedanke der guten Ritterschaft, der alle einte, hat Originale begünstigt und hervorgebracht, Männer und Frauen, die sich bedingungslos einsetzten und doch nicht gleichförmig wurden. Ein selbständiger Denker von gedanklicher und christlicher Klarheit war zum Beispiel der Töpfermeister Martin Dober, der noch Latein und Griechisch gelernt hat. In seine Werkstatt führte der Graf gern seine vornehmen Gäste. Ein Original blieb Christian David, der plötzlich seine Axt weglegen, seine Kappe aufsetzen konnte und ohne Abschied wortlos verschwand, ohne sein Reiseziel zu verraten. Man wußte dann nur, daß es ihn zu seinen Brüdern nach Mähren trieb, um sie in ihrer Gewissensnot zu trösten, die sie unter dem Druck einer fanatisch katholischen Regierung erduldeten.

Baron von Schrautenbach, der kongeniale zeitgenössische Biograph Zinzendorfs, der zur Zeit Goethes in Weimar heimische Gelehrte, traf doch das Richtige, wenn er Alt-Herrnhut mit Sparta verglich, mit einem Kriegslager der *militia christiana.*

Mit dieser „gens aeterna" (unvergängliches Geschlecht) als Mitarbeiterschaft, die von ihm für eine Streiteridee entflammt war, begann Zinzendorf in einem Heroismus sondergleichen, in einem unstillbaren Drang, in einer unerhörten Weltoffenheit die ganzen Länder planmäßig nach solchen bedrohten Minderheiten abzutasten, wie sie in Österreich, dem typischen Land der Gegenreformation, zu finden waren, um ihnen zu Hilfe zu kommen.

Dieser Geschichte der Brüderkirche, die ihre Prägung Zinzendorf zum entscheidenden Teil verdankt, haben wir hier nicht nachzugehen. Wir verfolgen den Weg des Reichsgrafen, dessen Richtung und Bedeutung nicht in der Geschichte dieser Erneuerten Brüder-Unität aufgeht, sondern über sie hinausreicht.

Weltweites Engagement

Zinzendorf befand sich in Dresden, als am 6. März des Jahres 1726 die Landvögtin in Großhennersdorf unerwartet ihre Augen schloß. Als er von ihrem Heimgang hörte, eilte er sofort nach Berthelsdorf. Als Enkel hielt er ihr die Parentationsrede, die gedruckt vorliegt. Für ihn hat es viel bedeutet, daß diese große Frau, nach deren Tod ungezählte teilnehmende Schreiben aus dem Ausland von Persönlichkeiten europäischen Rufes eintrafen, sich in ihren letzten Lebensjahren ganz eindeutig zu ihm und dem Herrnhuter Werk gestellt hatte.

Nun hielt den Grafen nicht mehr viel in Dresden, wenn er auch erst im Frühjahr 1728 seinen Dresdner Haushalt aufzulösen begann. Das Schwergewicht seiner Pläne konzentrierte sich vorerst auf die Oberlausitz und seine Mähren. Die Hofhaltung der gräflichen Familie, die in Herrnhut ein Herrschaftshaus einrichten ließ, später jedoch wieder nach Berthelsdorf übersiedelte, erweiterte sich ständig. Äußerlich gesehen entsprach sie dem Zuschnitt, wie man ihn auf den vielen kleinen Rittergütern der Oberlausitz antraf.

Jeder gräfliche Angestellte hatte mehrere Obliegenheiten zu erfüllen. Einer der beiden Lakaien verwaltete das Tafelsilber, rangierte als Tafeldecker und war zugleich Konditor. Der zweite Lakai diente Zinzendorf als „Copist“, dem er die Korrespondenz diktierte. Ein Silberputzer war zugleich Schneider. Die beiden Hofdamen bzw. Gesellschafterinnen standen zugleich der ausgedehnten Wirtschaftsführung vor. Die drei Kammerjungfern betreuten die Kinder, eine unter ihnen war zudem Köchin.

Die Hofhaltung Zinzendorfs wurde zu einer großartigen Erziehungsschule für die Mähren. Denn aus ihren Reihen nahm er sich die gräflichen Bediensteten, die auf diese Weise lernten, sich auf jedem Parkett richtig und sicher, ohne falsche Unterwürfigkeit, zu bewegen. Ein serviler Ton war verpönt. Nüchterne, zähe und zielbewußte junge Mähren wurden im täglichen Umgang mit dem Reichsgrafen für ihre Aufgaben vorbereitet. Es herrschte in jener Anfangszeit eine solche Freimütigkeit in Herrnhut, in den Häusern, auch im Herrschaftshaus, daß jeder frei sagen konnte, was ihm nicht recht dünkte.

Es war ein rechter Streiterhaushalt. Der Gedanke freiwilliger Armut beseelte die Hausbewohner des Herrenhauses. Das gräfliche Paar ging in der äußersten Bedürfnislosigkeit allen voran. Im Blick auf Kleidung und Nahrung war Zinzendorf anspruchslos. Er ging fast nachlässig gekleidet und blieb in seinen äußeren Gewohnheiten sein Leben lang unkorrigierbar. *Wir lassen unsere Kleidung wenden und ausbessern, solange etwas dran ist; auch Strümpfe und Schuhe; denn wir müssen vor dem Herrn mit der Rechnung zu bestehen suchen. Wenn es Essenszeit ist, gehe ich zu Tisch; wenn ich eine warme Stube brauche, so wird sie mir geheizt; brauche ich Licht, so zündet man's an; gibt man mir Tee, so trinke ich ihn, gibt man mir keinen, so fordere ich's nicht, und bei diesen Umständen sehe ich in vielen Jahren keinen Dreier Geld ... So kann man gut durch die Welt kommen und nach Gelegenheit noch hundert Menschen dabei erhalten ...*

Und doch besaß jeder im Verkehr mit dem Grafen das Gefühl, das Schrautenbach, sein Standesgenosse, aussprach: „Sein Aussehen war groß, edel, kraftvoll, unter vielen ausgezeichnet. Man konnte sich davon überzeugen, wenn man ihn in eine Gesellschaft vornehmer Leute treten sah, oder in einer Stadt, wie London oder Amsterdam, dem auf der Straße ruhig wandelnden Manne in der Entfernung nachging und das Benehmen der Menschen gegen ihn, ihre Verbeugungen, ihr aus dem Wegetreten, ihre Dienstbehilflichkeit bemerkte.“

Herrnhut, Herrschaftshaus (Foto vor 1945).

So konnte der Graf mit Leichtigkeit standesgemäß repräsentieren, wenn sich vornehmer Besuch wie zum Beispiel der dänische Kronprinz mit seinem Schwager, dem Markgrafen von Bayreuth, in Berthelsdorf anmeldete. Dann war ein gut eingespielter Hofstaat vorhanden, der für diese Tage die nötige Exklusivität herstellte.

Zinzendorf erlebte an den ehemaligen unfreien Bauern und nunmehrigen Handwerkern in Herrnhut, daß sie ein unwiderstehlicher Drang zu neuem Wandern ergriff. Sie wollten anderen davon berichten, was sie als die „Taten Gottes in Herrnhut" bezeichneten. Heimatlosen Flüchtlingen gewährte Herrnhut eine neue Existenz. Doch das war nicht das Besondere an Herrnhut, auch nicht die Bruderschaft, die sie beseelte. Man brauchte und „bekam Gegenstände in Herrnhut, für die man betete und arbeitete". Ihr Blick wurde auf alle Vorgänge in der Christenheit in der weiten Welt gelenkt. Die Heimatlosen sollten in der ganzen Welt heimisch werden.

Sie orientierten sich überall. Sie zogen, zumeist zu zweit, nach Dänemark und erfuhren von der Nordischen Mission in Grönland und in Lappland. Sie hörten von den dänischen Kolonien in Mittelamerika, die mit schwarzen Sklaven besetzt waren. In England tauchten sie am Königshof und an der Universität Oxford auf. In Böhmen, Mähren und Österreich fand man sie bei jenen heimlichen Protestanten. Die evangelischen Salzburger, die zäh um ihre Duldung kämpften und 1732 das Land verlassen mußten, sahen sie unter sich. Herrnhuter Boten reisten nach der französischen Schweiz und nahmen Kontakt mit der verborgenen evangelischen Kirche in Frankreich, der „Kirche in der Wüste", auf. Bald stand in Herrnhut das größte missionarische Potential des 18. Jahrhunderts zur Verfügung. Die jungen Mähren, die gemeinsam im Herrnhuter Brüderhaus wohnten, schliefen auf Brettern, nicht weil es an Strohsäcken gefehlt hätte, sondern um sich auf künftige Strapazen bei ihren „Botengängen" vorzubereiten.

Das blieb auf die Dauer der Außenwelt nicht verborgen. Für den Grafen, der es seinen Brüdern gleich tun wollte, ergaben sich willkommene Gelegenheiten, selbst auf Reisen zu gehen. Er schrieb an viele Standesgenossen und Theologen, um sie über Herrnhut und die Herrnhuter aufzuklären. „Viele kamen, alles selbst anzusehen und zu hören . . . Es fehlte auch nicht an bösen Gerüchten, und diese verursachten Nachfragen, welche man nicht unbeantwortet lassen wollte. An manche Orte wurde der Herr Graf oder ein anderer Bruder eingeladen. Daraus entstanden Botschaften an verschiedene Orte in Deutschland, nach der Schweiz, Holland, Frankreich, England, Dänemark, Schweden und Livland."

Der Graf ist in seinem Leben unermüdlich gereist und es ist fast aussichtslos, darüber einen Überblick zu geben. Er mietete sich für diese Reisen Postpferde, er fuhr einmal auch vierspännig zu den Schwärmergruppen in die Wetterau, er wanderte zu Fuß nach der Schweiz ohne jeden Begleiter und ließ sich unterwegs durch Fuhrleute mitnehmen, wenn sich Gelegenheiten boten. Manchmal war er von allen Mitteln entblößt und fand merkwürdigerweise immer Menschen, die sich seiner annahmen. Er hat jedoch auch erlebt, wie es einem Armen zumute ist, der keinen Heller in der Tasche hat und deshalb geringschätzig behandelt und herumgestoßen wird. Vielleicht waren das Marotten, daß er solche gewagte Touren, kaum mit Geldmitteln ausgestattet, liebte und auf die Warnungen der Gräfin wenig hörte. Dahinter verbarg sich eine elementare Sehnsucht eines Mannes, der hier in letzter Bedürfnislosigkeit ein Stück Freiheit erlebte, der damit gegen eine immer rechenhaftere Zeit auf seine Weise protestierte. Er wollte etwas von der apostolischen Armut der ersten Apostel erfahren.

Auf der anderen Seite jedoch plante und unternahm Zinzendorf kaum etwas, ohne vorher das Los befragt zu haben. Das war eine eigenartige Übung, die in Herrnhut zu einer gewissen Perfektion gesteigert wurde. Im Herrnhuter Archiv werden noch drei runde Perlmuttscheiben in normaler Knopfgröße gezeigt, die zu des Grafen Zeiten dazu verwendet wurden. Sie lagen in einer schön gearbeiteten kleinen Silberbüchse. Auf dem einen Schicksalsstein war ein Ja, auf dem anderen ein Nein kunstvoll eingelegt. Auf dem dritten Perlmuttknopf stand nichts. Wurde dieser Schicksalsstein gezogen, verkündigte er das Schweigen des Herrn. Die geplante Sache wurde aufgeschoben. Ein Nein war zumeist unwiderruflich.

Doch ist das Los nie als ein dunkles und dumpfes Fatum angenommen worden. Bei dem Nein bohrte man so lange, bis man glaubte, die Gründe dafür gefunden zu haben. Das Los lähmte nicht, sondern aktivierte alle Sinne und das ganze Denken. Gegen eine Zwangsdiktatur eines geistlos und mechanisch angewandten Loses wehrte sich die geniale Art Zinzendorfs. Lief eine Losentscheidung gegen seine Natur, konnte er sie ohne weiteres für unverbindlich erklären. Seine Genialität bewahrte die Lospraxis davor, zu einem lähmenden Gesetz zu werden. Diese Gefahr tauchte bei seinen Nachfahren auf. Mit dem Grafen kam und verging diese Blütezeit einer eigenartigen Lospraxis im Protestantismus. Unverkennbar lag in ihr das Moment des Spielerischen, etwas von jener Grundhaltung des Rokoko. Andererseits lebte dieses Menschentum halb befangen noch im magischen Zeitalter, in dem auch Zinzendorf kein erklärter Feind der Alchimie war, in mystischen und pseudo-mystischen Bereichen. Man suchte und glaubte an ein unmittelbares Eingreifen Gottes durch Zeichen.

Daß hier die Linie Luthers verlassen worden ist, kann nicht geleugnet werden. Der Reformator hat in besonders gelagerten Ausnahmefällen die Losübung bejahen können, nicht aber als ein ausgeklügeltes dialektisches Spiel und System. Eine ausgedehnte Lospraxis hätte er sehr hart abgelehnt, weil hier die Gefahr nicht von der Hand zu weisen war, daß der Mensch Gott förmlich zu zwingen sucht und ihm die Verantwortung für das menschliche Handeln zuschiebt.

Der Historiker hat alle Sachbestände aufzunehmen, so sehr uns heute abstößt, daß damals das Los mitregierte. Auffällig gut ist die Tatsache bezeugt, daß diese gräfliche und herrnhutische Losübung sowohl den Grafen wie die Brüder oft vor Unglücksfällen bewahrt hat, in die sie sonst ahnungslos hineingelaufen wären. So haben sie die für die Überfahrt nach Amerika vorgesehenen Einschiffungen auf Grund eines versagenden Loses aufgeschoben. Sie mieden darum Schiffe, die tatsächlich nie an ihrem Bestimmungsort angekommen sind. Es ist keines der Schiffe untergegangen, auf dem sich Kolonistengruppen der Herrnhuter befunden haben.

Wir wissen andererseits aus den Akten von Losentscheidungen, die den Grafen zu aussichtslosen Unternehmungen bewogen haben, die schließlich viel zu spät und unter schweren – wir würden heute sagen – sinnlosen Verlusten abgebrochen werden mußten. Doch besaß man hier eine plausible Erklärung. Man beugte sich unter diesen „Straflosen", mit denen Gott sie in die Irre gehen ließ, um sie für Unterlassungssünden zu bestrafen und sie wieder hellhöriger für seinen Willen zu machen. Dieses Geschlecht wollte sich damals – auch das muß zur Kenntnis genommen werden – in gefährliche Aufgaben, die noch niemand angepackt hatte, nur hineinwagen mit dem Losentscheid. Damit wehrten und bewährten sie sich mit einem unvergleichlichen Heroismus auf schweren Posten, harrten aus und wurden Sieger.

Zwischen 1727 und 1732 suchte Zinzendorf nach seiner endgültigen Loslösung von Dresden ein anderes, ihn mehr befriedigendes Staatsamt. Herrnhut wollte er immer noch nebenher leiten, denn es war fest geordnet und bedurfte nicht mehr seiner vollen Kraft.

N. L. von Zinzendorf, Ölgemälde von Balthasar Denner. Kopenhagen 1731.

Im Jahre 1727 reiste der Graf zu dem jungen Markgrafen von Bayreuth, dem Bruder der dänischen Kronprinzessin und durch seine Mutter mit Zinzendorf verwandt. Er wurde in allen Ehren empfangen. In einem mehrstündigen Gespräch erging man sich in Staats-, Kirchen- und Justizsachen und war sich auch in den religiösen Fragen durchaus einig. Zinzendorf lieferte dem Vetter in Bayreuth auch einen Regierungsentwurf, den er auch an den regierenden Erbprinzen von Saalfeld einreichte. Doch weder in Bayreuth noch in Saalfeld brachte man den Mut auf, diesem impulsiven, von Plänen erfüllten Reichsgrafen aus österreichischem Geschlecht ein Regierungsamt anzuvertrauen.

Mit großer Hoffnung auf ein Staatsamt begab sich Zinzendorf im Jahre 1731 nach Kopenhagen. Der alte König Friedrich IV. von Dänemark war am 12. Oktober gestorben. Des Grafen Vetter, Christian VI., sollte gekrönt werden. Man erwartete Zinzendorf in der dänischen Residenz. Der Graf befragte vor der Abreise das Los über den einzuschlagenden Reiseweg. War es gut gewesen, daß er dadurch über Wernigerode reiste und beim Grafen Christian Ernst von Stolberg abstieg, der mit August Hermann Franckes Sohn so eng befreundet war? Üble Klatschereien über Zinzendorf und Herrnhut waren mit von Wernigerode ausgegangen. Unter Tränen gestand es Christian Ernst von Stolberg und versprach, sich *bei Lebtage nicht mehr durch frühzeitige und unrechte Urteile an mir zu vergehen.* Es half nichts. Der Stolberger wurde zu seinem erbarmungslosen Gegner. Nirgends wurde Zinzendorf später so unerbittlich und zäh als von Wernigerode aus bekämpft.

Als Zinzendorf in Kopenhagen auftauchte, waren dort schon die ungünstigen Urteile des Stolbergers, eines Intimus des neuen dänischen Königs, bekanntgeworden. Des Grafen Anwesenheit korrigierte manche falsche Vorstellungen. Er war wirklich kein närrischer Graf, sondern ein Aristokrat von bezwingendem Charme, sprühenden Geistes, witzig und wiederum frommen Ernstes. Man trug ihm von allen Seiten Lobsprüche zu und rechnete in der Hofgesellschaft fest damit, daß der König ihm ein entscheidendes Amt übertragen werde. Davon wurde Zinzendorf selbst angesteckt und schrieb an seine Gattin, daß man beim König daran arbeitete, ihn *zu einem Größten im Königreich zu machen. – Es ist möglich, daß der König mich zum Großkanzler macht.* Der alte Großkanzler, ein enger Freund August Hermann Franckes und Halles, war gestorben und das Amt noch unbesetzt.

Vor den Krönungsfeierlichkeiten schmückte der junge König seinen Vetter, den Grafen von Zinzendorf, mit dem weißen Ordensband des

Danebrog-Ordens. Der geehrte Reichsgraf konnte aber doch nicht umhin, sich in diesem feierlichen Augenblick klarzumachen, daß er nicht den obersten Orden, den Elefantenorden, empfing.

Daß der neue König seinen Vetter Zinzendorf, den er als Kronprinz in Berthelsdorf besucht hatte, mit einem zweitrangigen Orden abspeiste, den *noch keiner meines Standes getragen hat,* war kein verheißungsvolles Zeichen. Zinzendorf redete sich selbst etwas ein, als er seiner Frau schrieb: *Der Orden, den mir der König gegeben hat, ist sehr schön, ich hab ihn lieb, weil er überaus viel Gemeinschaft mit meinem Beruf hat.* Der Danebrog-Orden besaß eine Kreuzesform.

Aus einem Amt am dänischen Königshofe wurde nichts. Christian VI. erwählte sich Christian Ernst von Stolberg-Wernigerode zum Hauptratgeber, der den anfänglichen starken Einfluß Zinzendorfs zäh bekämpfte und schließlich auszuschalten verstand. Auch der Markgraf von Bayreuth zog sich von Zinzendorf zurück. Die Beziehungen verschlechterten sich so sehr, daß sein Freund, Graf Friedrich Ludwig von Castell, ihn warnte, das Markgrafentum bei seinen Reisen zu berühren. Er müsse sonst damit rechnen, daß man ihn dort ausweise.

Der Eintritt Zinzendorfs in ein hohes Regierungsamt war endgültig verriegelt. Zinzendorf mußte erkennen, daß seine Berufung ihn in eine ganz andere Richtung wies, immer dichter heran an die Elite, die ihm in Herrnhut zuwuchs. Er sollte ein großer Eroberer werden, aber nicht in einem Staatsamt. Sein Engagement sollte sich nicht auf einen einzelnen Staat beschränken, sondern weltweit werden.

Kaiserliche Ungnade – neue Domizile

Heute begreift man es schwer, daß sich ein Monarch, der über zahlreiche Völker herrschte und gekrönter Kaiser des Heiligen Römischen Reiches Deutscher Nation war, über die Abwanderung von siebzig deutschstämmigen Protestanten aus Mähren erregen konnte. Doch das ereignete sich im Jahre 1731. Kaiser Karl VI. sandte von Wien aus eine geharnischte Beschwerde an den kursächsischen Hof. Wie aufgebracht der bigotte Kaiser war, konnte man allein daran studieren, daß er dieses Schriftstück mit seiner eigenhändigen Unterschrift versehen hatte. Der Graf von Zinzendorf locke kaiserliche und leibeigene Untertanen aus seinem Lande und stifte dadurch nur böse Unruhe. Das sei zu unterbinden. Darum ging es.

Der schwer zuckerkranke Kurfürst und König in Polen, August der Starke, durch seine Krankheit leicht aufgebracht, reagierte augenblicklich. Der Geheime Rat habe solche Dinge unverzüglich zu unterbinden. Der Fürst empfing bereits den nächsten Tag die Zusicherung, daß Zinzendorf die Aufnahme von Flüchtlingen unverzüglich verboten werde. Die vom Kaiser verlangte Ausweisung der Flüchtlinge bedürfe jedoch einer gründlichen Untersuchung, da man erst wissen müsse, um welche Personen es sich handle. Man argumentierte gut. Herrnhuts wirtschaftliche Entwicklung, die den kursächsischen Steuereinnahmen zugute komme, solle man nicht durch Unterbindung eines „Zuwachses“ lähmen.

Man ließ sich Zeit. Im Januar 1732 erschien eine Regierungskommission in Herrnhut, die leidenschaftslos und sachlich untersuchte. Ehe ihr Gutachten bearbeitet war, platzte eine königliche Verordnung vom 16. Oktober 1732 dazwischen. Dem Adel wie den Städten in der Oberlausitz wurde bei Androhung hoher Strafen die Aufnahme kaiserlich-österreichischer Untertanen aus Böhmen, Mähren und Schlesien untersagt. Nicht genug damit. Zwölf Tage später befahl August der Starke: „Nachdem Nicol Ludwig Grafen von Zinzendorfs bisherige unanständige und bedenkliche Aufführung uns zu vielem Mißfallen gereicht, so begehren wir gnädigst, ihr [der Geheime Rat] wolltet, sofern sich hierbei kein Bedenken ereignet, selbigen andeuten, daß er in der Zeit von drei Monaten seine liegenden Güter und Grundstücke veräußere und aus unserm Kurfürstentum und Landen sich wegbegebe.“

August der Starke starb am 11. Februar 1733. Zinzendorf durfte im Lande bleiben. Der Verkauf von Berthelsdorf und die Abtretung der Herrschaftsrechte in Herrnhut an die Gräfin wurde behördlich genehmigt und offiziell vollzogen. Es sollte sich in der Folgezeit erweisen, daß durch diesen Verwaltungsakt Herrnhut gesichert blieb.

Zinzendorf, durch die zornigen königlichen Erlasse gewarnt, befand sich bereits auf der Suche nach neuen Zufluchtsorten für die zuwandernden Exulanten. Wie man es in diesem Jahr 1733 fertiggebracht hat, zweihundert Mähren noch einzuschleusen, ohne daß es mißgünstige Aufpasser merkten, ist uns nicht mehr bekannt.

Zufluchtsorte standen Zinzendorf vor Augen. Mit Hilfe dänischer Freunde, die dem Grafen als Starthilfe 3000 Taler übergeben hatten, wurden die ersten Brüder zu den Negersklaven auf St. Thomas im Karibischen Meer gesandt. Der eigentliche Genius des evangelischen

Erwachens zur Weltmission ist kein anderer als Zinzendorf gewesen. Bis auch andere Kirchen im Karibischen Meeresgebiet einen Missionsdienst aufnahmen, hatten die Brüder auf den verschiedenen Inseln mehr als 13000 der rechtlosen und schlecht behandelten Negersklaven, die zum Glauben gekommen waren, getauft.

Fast zur gleichen Zeit begann die Missionsarbeit unter den Eskimos in Grönland. Laienbrüder machten auch hier sich aus Alt-Herrnhut auf den Weg, das damals kaum 600 Seelen zählte. *Bruder sein und das Werk der Heidenmission zu fördern, ist ein und dasselbe.* Welch eine Kühnheit! Die kleinste Kirche, die immer mehr das Vätererbe der alten Böhmisch-Mährischen Brüderkirche zum Leitbild beim neuen Beginnen aufgriff, noch verborgen im Schoße der kursächsischen lutherischen Staatskirche und ein Anhängsel des lutherischen Kirchspiels Berthelsdorf, sandte ihre jungen Männer durch die ganze damalige Welt!

In einer fast unglaublichen Schnelligkeit hatte man bereits den halben europäischen Kontinent abgetastet und die Grenzen abgesteckt. Im Westen waren die Boten über Holland bis nach England vorgestoßen. Über Württemberg wanderten sie in die Schweiz und kehrten über das Elsaß und die Rheinlande zurück. Im Norden hatten Brüder über Dänemark hinaus nach Schweden und Finnland vorgefühlt, im Nordosten waren sie über West- und Ostpreußen bis tief ins Baltikum vorgedrungen. Im Südosten hatte man über Böhmen und Mähren die brüderliche Verbindung mit dem Geheimprotestantismus in den kaiserlichen Landen aufgenommen. Bis tief in die Slowakei und nach Siebenbürgen reichten die Beziehungen. Über die Schweiz erfolgte die erste Kontaktnahme mit dem schwer ringenden südfranzösischen Geheimprotestantismus. Nur der Katholizismus im Westen und Süden zog Grenzen, die man nicht überschritt. Zu Nordamerika bestanden unmittelbare Verbindungen, die zu einem Siedlungswerk führen sollten. So bezog man überall „Posten" und bereitete Nachkommenden neue Arbeitsmöglichkeiten vor.

Hinter diesem rastlosen Aufbruch stand der Graf. Er gab den ausziehenden Missionaren aus dem Laienstande die hilfreichen Anweisungen für eine Arbeit, für die noch keinerlei Erfahrungen und Richtlinien innerhalb der evangelischen Christenheit gewonnen worden waren. Er beseelte die Brüder mit seinem Geist. Wo Zinzendorf, der Aristokrat, hinkam, blieb als Frucht seiner Besuche ein überraschend großer Kreis von Freunden, die in einem lebhaften persönlichen wie brieflichen Verkehr mit ihm und den Herrnhutern blieben. Seine Methode und sein Geheimnis lag in der Regel, die er seinen Brüdern aus Herrnhut auf ihre „Botengänge“ mitgab: einfach liebhaben!

So „entdeckten und praktizierten sie mit verhaltenem Enthusiasmus die Bruderschaft aller Rassen“. So erschienen ihre ersten Boten, die untereinander Brüder waren, den anderen „wie ein heiliges, mythisches Wandervolk. Wo die Menschheit am härtesten geschlagen ist durch Sünde und Natur, da stehen sie. Einen Heldenmut, eine Tapferkeit entwickeln diese stillen Männer, gegen die weder römischer noch germanischer Heldenmut auf den Schlachtfeldern einen Vergleich aushält. Sie werden täglich getötet. Wir sehen sie in Grönland, in Labrador, an den großen Ratsfeuern zu Onondago (unter Rothäuten), unter Sklaven in Westindien, unter den Kalmücken in Europa und Asien, unter den Nicobaren, unter den Kopten und Abessiniern, unter den Hottentotten und Buschmännern. Fremd aller Politik, fast unzugänglich für Hader, erwarben sie sich eine Liebe, wie sie die Arbeiter keiner Konfession im ganzen wieder gefunden haben. Zeisberger hat sich ein unvergängliches Andenken in den Herzen der roten Männer gesetzt. Georg Schmidts Name stand, als sein Träger längst gestorben war, in den Herzen der Hottentotten als ein Unterpfand auf eine gnädige Zukunft.“ (A. Tholuck).

Auch in Deutschland sorgte Zinzendorf vor. Zweimal war er für kürzere Zeit, einmal mit der ganzen Familie, in Jena aufgetaucht. Professoren, junge Magister und Studenten schlossen mit ihm dort einen „unzertrennlichen Bund“. Bünde zu schließen, Streiterkolonnen zu formieren, waren das Lebenselement des Grafen. Die Herrnhutisch-Jenensische Sozietät an der Universität bestand nur einige Jahre. Der tötende Argwohn der staatlichen und kirchlichen Behörden zerstörte sie. Doch sechzig ehemalige Studenten von Jena sind in den Dienst der Herrnhuter Gemeine und unter die Führung Zinzendorfs getreten. Dazu kamen noch zwölf aus der halleschen Studentenschar, darunter sechs Adelige. Ohne Akademiker, nur mit Handwerkern, hätte Zinzendorf seine weitgehenden Pläne nicht realisieren können.

Vierspännig reiste Zinzendorf bereits 1730 nach Westdeutschland. Er suchte den Kontakt mit den zahllosen Inspirierten und Separatisten in der kleinen Reichsgrafschaft Wittgenstein-Berleburg aufzunehmen. Unter dem Reichsgrafen Kasimir hatten sich Hunderte stiller Frommer zusammengefunden, die ihre eigenen Versammlungen hielten, in denen sie auf unmittelbare göttliche Eingebungen hörten. Man huldigte einer quietistischen, tatenscheuen mystischen Frömmigkeit. Hier fuhr Zinzendorf wie ein Wind dazwischen. Er wollte sie in den ganzen missionarischen Geist und die glühende Aktivität Alt-Herrnhuts hineinziehen. Solange er unter ihnen weilte, waren sie Feuer und Flamme und wollten sich wie Herrnhut organisieren. Doch als er sie verließ, fielen sie nicht ungern, durch neue Eingebungen bestärkt, in ihre alte Passivität frommer Manier zurück, die nur an das eigene Wohl der Seele dachte.

Über Frankfurt begab sich Zinzendorf noch in die Grafschaft Büdingen nach dem Dörflein Himbach, wo sich unter der Leitung ihres Propheten, des Sattlers Johann Friedrich Rock (1687–1749) eine Inspirationsgemeinde zusammengefunden hatte, zu der noch zahlreiche Kreise bis in die Schweiz hinein gehörten. Man hatte ihn eingeladen, „ihren Glauben zu prüfen". Zinzendorf war von der persönlichen Aufrichtigkeit Rocks überzeugt. Die Zweifel kamen ihm recht spät. Denn in erster Aufwallung hatte er dem Sattler das brüderliche Du angeboten, ihn nach Herrnhut eingeladen und einen Bruderbund der Inspirationsgemeinde und der Herrnhuter Gemeine proklamiert. Sechs Jahre nach der ersten Begegnung zerbrach die Verbindung. In scharfem Ton schrieb Zinzendorf am 1. August 1736 an Rock: *Ich will mit Deiner Inspiration nichts zu tun haben, bete sie weg. So Du aber fortfahren wirst, Taufe und Abendmahl zu verwerfen, so bist Du ein falscher Prophet.*

Der Schaden war groß genug. Die Separatisten, die Inspirierten, Männer wie Rock und der Arzt Dippel, der „Freigeist", mit denen sich Zinzendorf eingelassen hatte, galten als Schreckgestalten innerhalb der kirchlichen und theologischen Kreise. Zinzendorf konnte diese Menschen nicht mitverfemen und dem allgemeinen Boykott zustimmen. Das waren ihm zu stumpfe Waffen. Man mußte mit ihnen sprechen, um sie korrigieren zu können. Anders als durch eine brüderliche Haltung konnte man sie nicht wiedergewinnen. Doch damit fand er in einer noch von religiöser und konfessioneller Unduldsamkeit geladenen Atmosphäre kein Verständnis. Daß er den Propheten Rock erst nach sechs Jahren wirklich durchschaute und sich von ihm trennte, hat ihn zu seinem Mitläufer gestempelt. Auch außerhalb Kursachsens wurde man im steigenden Maße auf den Grafen aufmerksam. Man alarmierte die Theologen. Der Graf von Stolberg warnte die vielen mit Halle verbundenen Adelskreise. Zinzendorf wurde immer häufiger gezwungen, sich zu verteidigen und Schriften herausgehen zu lassen.

Doch hatte er in der Wetterau an allen Orten, die er damals berührte, Freunde gewonnen und konnte dieses Gebiet südlich des Vogelsberges im heutigen Hessen als seine Arbeitsdomäne betrachten. Fortgesetzt stießen Inspirierte zu ihm und den Herrnhutern. Als im Jahre 1736 sich erneut dunkle Wolken über seinem Haupt zusammenzogen und man ihn in Kursachsen aufforderte, wegen seiner bekannten Hartnäckigkeit, mit der er weiterhin Exulanten aufnahm, sich „unauffällig" und unverzüglich außer Landes zu begeben, wußte er, wohin er sich zu wenden hatte: in die Wetterau!

Er war auf jeden Eventualfall gerüstet und mußte keine Sorge um die ihm anvertrauten Exulanten hegen. Sie konnten jederzeit von Herrnhut abmarschieren. In Amerika wirkte bereits der ausgezeichnete Organisator und wirtschaftlich eminent tüchtige Kolonisator und Theologe August Gottlieb Spangenberg, den er in Jena für sich gewonnen hatte. Er hätte in dem Werk, das er in Pennsylvania aufbaute, die ganze Herrnhuter Gemeine unterbringen können.

Einen glänzenden Eingang fand Zinzendorf in Holland. Die niederländische Öffentlichkeit war durch ein begeisternd zustimmendes Werk des Privatgelehrten Isaak Le Long über Herrnhut auf ihn aufmerksam geworden. Der Reichsgraf wurde nach Amsterdam eingeladen. Dort erschien er mit seiner Familie und einer zahlreichen Mitarbeiterschar, seinem Hofstaat. Er mietete ein *apartes Haus* und residierte standesgemäß unter den wohlhabenden und stolzen Bürgern einer behäbigen Stadt. Holländer drängten sich zu seinen Hausandachten. Man lud den deutschen Reichsgrafen, der in so unnachahmlicher Weise von dem sprechen konnte, was ihn erfüllte, in die Häuser ein, wo sich viele um ihn scharten. Schließlich hielt er unter großem Zulauf öffentliche Versammlungen. Niemand nahm daran Anstoß. Vielmehr trat er dadurch mit den Angesehensten der Stadt, mit den Geistlichen der verschiedensten Kirchengemeinschaften sowie mit Kaufleuten von großem Reichtum in enge Beziehungen.

In Amsterdam entstand ein Freundeskreis, der sich der ausziehenden Missionare aus Herrnhut annahm. In der Baronie Ysselstein wurde ein „Posthaus", eine Raststätte für die Brüderboten und Kolonisten, gegründet, die dort vor ihrer großen Fahrt über die Meere, die sie von Amsterdam aus antraten, noch einmal ausruhen sollten. Heerendijk, das „Posthaus", bot neben Amsterdam die zweite Stätte, wo sie alle weiterhin unter einem Dach zusammenkommen konnten, Reformierte, Remonstranten, Mennoniten, Jansenisten und Kartäuser Mönche.

Die Ausweisung trennte Zinzendorf von Herrnhut, doch seine Familie und mit ihr die befähigtsten Mitarbeiter unter den Mähren sollten mit ihm ziehen. In der Wetterau bot die völlig verschuldete gräfliche Familie von Ysenburg-Meerholz ihm das Schloß Marienborn mit einem abgerundeten Landbezirk, zu dem das Dorf Eckartshausen gehörte, pachtweise an. Dafür sollte er 150.000 Taler als Darlehen gewähren. Das Angebot war günstig, die wirtschaftliche Grundlage für die Familie Zinzendorf und die Mitarbeiterschar, die im geräumigen Schloß genügend Raum finden konnte, damit gesichert.

Keine Landschaft konnte auf Zinzendorf so anziehend wirken als die östlich der Stadt Frankfurt am Main gelegene Wetterau. Sie war eine ausgesprochene „Ketzerlandschaft“. Die gräflichen Regierungen in Büdingen, Meerholz, Wächtersbach und Offenbach hatten durch ein Toleranzedikt von 1712 einen starken Zuzug fast ausschließlich von Sektierern, Inspirierten und Wiedertäufern erhalten. Wirtschaftlich hatte sich das gelohnt. Diese neuen Bewohner waren sehr fleißig und zahlten gute Steuern an die in steter Geldnot lebenden Grafenfamilien.

150.000 Taler konnte Zinzendorf jederzeit von seinen reichen Freunden in Holland erhalten. Sie hatten ihn bei seiner Abreise aus Holland auf diese Möglichkeit hingewiesen. Wenn der Graf einmal in Geldverlegenheiten wäre, würden sie ohne Zögern gegen entsprechende Sicherheiten einspringen. Bis die Verhandlungen in den Niederlanden spruchreif waren, suchte sich Zinzendorf ein passendes Quartier in der Wetterau und verfiel auf die Ronneburg. Sie war ein Sitz der Armut und Unreinlichkeit, voller Diebe, Zigeuner, Sektierer und Juden, die dicht zusammengedrängt in der Vorburg hausten. Das reizte den Grafen. *Christian David gings ansehen und referierte, da könne kein Mensch leben und bleiben.* Zinzendorfs Mitarbeiter wollten um keinen Preis dieses elende Raubnest beziehen. *Alles Bitten und Flehen ungeachte . . . ging ich am 12. Juni stillschweigend auf die Ronneburg und fand alles besser, als ich gedacht hatte.* Der Entschluß war unwiderruflich, und die anderen mußten nachkommen.

In der Ronneburg „sah der Anfang schlecht aus; es war eine Wohnung der Eulen und Fledermäuse, wo wir waren“. So lautete ein alter Bericht einer Mitarbeiterin aus jenen Tagen. Doch man gewann den Kontakt mit dem armen Volk in der Vorburg. Das hatte Zinzendorf erstrebt. Die Kinder Zinzendorfs luden die Kinder der Bettelfamilien an ihren Tisch. Man führte für sie einen Elementarunterricht ein. Die

Die Ronneburg. Ölgemälde von Emma Klingelhöfer 1893.

mährischen Brüder besuchten Familie um Familie und zogen von Dorf zu Dorf. Man lebte sich in der Wetterau ein und wurde überall bekannt.

Die jüdischen Familien auf der Burg faßten zu Zinzendorf Vertrauen, weil er ihren Glauben achtete und das unverhohlen aussprach. Die zahlreichen Juden, die zwischen Gießen und Darmstadt wohnten, nannten den Reichsgrafen ihren großen Freund und sandten ihm Gruß- und Dankbotschaften, weil er ihr „armes Volk" liebte. Hier bahnte sich etwas Neues an. Das alte tödliche Mißtrauen zwischen Christen und Juden wurde an einer Stelle durchbrochen. Ein helles Licht erschien in einer noch dunklen Zeit für das Judentum. Zinzendorf zog es fast mit magischer Gewalt zu den Juden.

In dem damals größten Getto, in Frankfurt am Main, kannte sich der Graf gut aus. Er suchte es jedesmal auf, wenn er diese freie Reichsstadt berührte. Zahllos sind die überlieferten Gespräche, die er nicht nur in Deutschland mit profilierten Juden führte. Er hielt es für eine Ehre, wenn fromme Juden auf ihrer Reise in Brüdergemeinen Station machten, um ihren Sabbat in aller Stille bei ihnen zu halten.

Zinzendorf bewunderte das stete Heimweh des Judentums nach dem Gesetz und seine ehrfürchtige Beobachtung desselben. Damals war dieses Volk von einer merkwürdigen Unruhe erfüllt. Seine elementare Sehnsucht nach innerer Wandlung erinnerte an den Pietismus. Sabbatianismus und Chassidismus waren dafür die Stichworte. Der Graf war darüber bis in die Einzelheiten ausgezeichnet unterrichtet.

Bereits im *Dresdnischen Sokrates* befaßte sich Zinzendorf mit der jüdischen Frage. Noch ausführlicher äußerte er sich über das *besondere und unableitbare, in ein einzigartiges Schicksal gepreßte Volk* in seinen *Sonderbaren Gesprächen* von 1739. Zinzendorf erstrebte eine neue Basis für ein gutes und entgiftetes Zusammenleben von Christen und Juden. Die Grenzen wollte er nicht verwischen. Denn dieses Volk vermag seiner Berufung, die es von den anderen Völkern absondert, nicht zu entgehen. Wo es diese vergessen wollte, würde Gott es auf seine ureigenste Bestimmung hart zurückzwingen.

Die spätere Aktivierung der Brüderkirche für das Gespräch zwischen Glaubensjuden und Christen war in eine einheitliche Gesamtschau des jüdischen Schicksals eingebettet. Die Christenheit darf „Israel", ihre erstgeborenen Brüder, nicht vergessen. Das jüdische Volk wiederum kommt nicht an dem vorbei, der aus ihm hervorging, um der ganzen Menschheit anzugehören. Am Endpunkt der irdischen Geschichte werden Judentum und Christentum vereint sich unter ihm beugen. Das war des Grafen Überzeugung, die ihn zu den Juden trieb, um sich unablässig mit ihnen auszusprechen.

Durch Europa

Stand Zinzendorf nicht am Ziel seiner Wünsche, als ihm der Weg in ein Staatsamt verbaut worden war? Die Landvögtin hatte ihm einst verwehrt, Theologie zu studieren. Das war nicht mehr nachzuholen. Doch stand ihm offen, ein Rechtgläubigkeitsexamen vor einer kirchlichen Behörde abzulegen. Man fragte damals nicht nach Berechtigungsscheinen, sondern nach ausgewiesenen Kenntnissen.

Es hätte nahegelegen, sich nach Tübingen zu wenden. Wenn man den Grafen nach seiner theologischen Heimat fragte, antwortete er, daß er zu den tiefsinnigen, schwäbischen Theologen halte. Er liebte die Schwaben. Es war die Tübinger Fakultät gewesen, die ihm zur Seite trat, als er sich vor Verdächtigungen durch theologische Heißsporne kaum mehr zu retten wußte. Das unparteiische Zeugnis dieser angesehenen Theologischen Fakultät stellte 1733 fest, daß Herrnhut in der Öffentlichkeit fälschlich als ein Ketzernest beschuldigt wurde. Nach eingehender Prüfung hatte die Fakultät die Überzeugung gewonnen, daß die Herrnhuter mit ihrer Kirchenzucht und Gemeinverfassung im Rahmen der Lutherischen Kirche blieben, auch wenn sie sich mit vollem Recht des Zusammenhangs mit der ältesten romfreien Kirche, der böhmisch-mährischen Brüderkirche, rühmen dürften. Was wollte man dann noch gegen Zinzendorf sagen?

Die Theologische Fakultät war nicht ohne Bedenken bei ihrem Schritt geblieben. Mit einer einhelligen Zustimmung an den anderen Fakultäten rechnete sie nicht. Doch fühlte sie sich gedrungen, „auch einmal etwas für die Sache Gottes zu wagen". Das Stuttgarter Konsistorium war gleicher Meinung, denn es unterband im eigenen Land recht energisch jede Polemik gegen den Reichsgrafen. Damit haben sie miteinander der kleinen Herrnhuter Gemeine und Zinzendorf einen außerordentlichen Dienst erwiesen und ihren Teil mit dazu beigetragen, daß diese Bewegung nicht sofort niedergeschrien wurde, sondern ihre kirchengeschichtliche Sendung erfüllen konnte.

Wo sollte der Graf sein Rechtgläubigkeitsexamen ablegen? Während man Ende Januar 1734 so fragte, traf ein Brief aus Stralsund ein. Ein wohlhabender Handelsherr dieser damals schwedischen Stadt in der schwedischen Provinz Vorpommern wünschte für seine Kinder einen Hauslehrer aus Herrnhut. Das schwedisch-pommerische Luthertum besaß eine hohe Geltung in ganz Deutschland. Sollte nicht der Graf vorübergehend diese Hauslehrerstelle annehmen und in Stralsund die Gelegenheit suchen, unauffällig das Rechtgläubigkeitsexamen vor dem dortigen Pastoralkolleg zu erwerben? Natürlich dürfe er sich nicht zu erkennen geben. So reiste er unter dem Namen Ludwig von Freydeck, der ihm als Nebentitel zustand, und tat nichts anderes, als was seine Standesgenossen öfters zu tun pflegten, wenn sie die Aufmerksamkeit von sich selbst abwenden wollten.

Es lief dann ganz anders. Es spitzte sich alles zu einem gewagten Abenteuer zu, denn man hatte in Stralsund Verdacht geschöpft und munkelte bereits, daß man es bei dem Unbekannten mit dem Grafen Zinzendorf zu tun habe. Als er sich zu einem sehr scharfen Examen stellte, das er glänzend bestand, war er noch der Herr von Freydeck, ein

Theologiebeflissener. Als es beendet war, stand er vor den erschrokkenen Examinanten als der Herr Reichsgraf, der seinen Rock aufknöpfte und auf den auf seiner Weste sitzenden Stern und das Ordenskreuz zeigte.

Man hatte ihn unmittelbar nach Herrnhut gefragt und Zinzendorf antwortete so, daß „sie es merken konnten, daß es der Graf selbst sei". Es ging alles gut aus. Die Examinatoren entschuldigten sich erschrocken, daß sie ein Glied des Hochadels gewiß nicht unfreundlich, aber doch wie einen kleinen Theologiekandidaten behandelt hatten. Zinzendorf beruhigte sie, die sofort den ungewöhnlichen Schritt verstanden. Sie dachten groß und weit genug, um ihn zu achten und zu ehren. An des Grafen oft paradoxen Reden, mit denen er andere zu provozieren pflegte, um sie durch ihre Antworten wirklich kennenzulernen, übten sie Kritik. Doch erklärten sie in dem Zeugnis, daß Zinzendorf „billig könne und solle gehalten werden in allen Hauptpunkten der wahren Lehre mit uns einstimmig und als ein rechtschaffenes Glied unserer evangelischen Kirche".

Zinzendorf sorgte von Herrnhut aus, nachdem dieses gewagte Unternehmen so gut ausgegangen war, dafür, daß das Ergebnis seines Rechtgläubigkeitsexamens überall bekannt wurde. Noch war die schwierige Frage zu lösen, in welcher geeigneten Form sein Eintritt in das geistliche Amt vollzogen werden könne. Sollte das kirchenrechtlich auf einwandfreie Weise geschehen, bedurfte es noch der feierlichen Zustimmung einer Theologischen Fakultät im Einvernehmen mit einer Kirchenleitung.

Er mußte zugleich auf seine Familie Rücksicht nehmen. Denn daß ein Glied der hohen Aristokratie den Talar eines evangelischen Pfarrers anlegte, galt in der Welt des alteuropäischen Adels als unstandesgemäß und taktlos. Es trug ein solcher Übergang nur Verachtung, ja einen Boykott der Standesgenossen ein. So wandte er sich wieder nach Schwaben und dachte daran, eine der vakanten Prälaturen, die mit ehemaligen katholischen Klöstergütern verbunden waren und nur einen leeren Titel bedeuteten, zu übernehmen. Daraus wurde nichts. Doch die Tübinger Professoren erwiesen ihm alles erdenkliche Entgegenkommen. Man wollte dem Grafen im Namen der Fakultät die Würde eines Doktors der Theologie verleihen und das Konsistorium wollte den Titel eines Kirchenrates hinzufügen, um den ungewöhnlichen Schritt zu erleichtern und ihn gegen Mißdeutung des Adels abzuschirmen. Doch das suchte Zinzendorf nicht.

Am 4. Advent 1734 bestieg Zinzendorf die Kanzel der Haupt- und Stiftskirche zu Tübingen. Es war ein Ereignis für die ganze Stadt. So „trat er den geistlichen Stand öffentlich an". „Er war in schwarzen Samt gekleidet, hatte einen langen Mantel an, unter demselben das kleine Ordensband und den Stern auf der Brust . . . Er hat herzlich evangelisch und orthodox gepredigt. Nur schade, daß er nicht jedermann verständlich war. Übrigens war nichts gekünstelt, sondern er redete aus der Fülle seines Herzens . . . Aus der Kirche ging sein Heiduck mit ihm . . ."

Der Gräfin schrieb er: *Ich trug seiner Majestät Gnadenzeichen wie es in Frankreich die geistlichen Ritter tun, auf der Brust am kleinen Ordensband unter dem Bäffchen. – Ich behalte meine Gewissensfreiheit, es stimmt mit meinem innerlichen Ruf überein, es ist meinem bisherigen Lebenswandel gemäß.* „So erreichte er das Ziel, welches er schon in seinen Kinderjahren vor Augen gehabt." (Spangenberg) Er weiß, daß er als Glied des hohen Adels einen außergewöhnlichen Schritt vollzogen hat. Doch er blieb Reichsgraf, verzichtete auf keine Standesvorrechte, behielt seine kleine Hofhaltung, auch als Landesverwiesener blieb er bei diesem Zuschnitt. Seine fliegende Hofhaltung nannte er nun *Pilgergemeine*. Er wohnte weiter standesgemäß in Schlössern und Herrenhäusern. Doch er stieg auf die Kanzeln, wo man sie ihm einräumte. Nun konnte er die Tausende erreichen, die sich unter der Kanzel zusammenfanden, nicht nur die anderen, denen es in der Kirche zu eng, zu langweilig, zu altertümelnd geworden war. Allen, auf den Schlössern und Burgen, in den Stuben des schlichten Volkes und in den weiten Hallen der Dome wollte er in Erinnerung bringen, *wovon die Menschen leben.*

Als „Theologe" reiste der Reichsgraf im Jahre seiner Verbannung von der Ronneburg aus nach Livland und Estland, die seit 1710 russisch geworden waren. Bis zur preußischen Staatsgrenze fuhr er in der Postkutsche. Dann zog er über sechzig Meilen meist zu Fuß durch die baltischen Lande bis nach Riga. Es war das armselige Wandern eines mittellosen Grafen, dem wieder einmal das Geld ausgegangen war.

Das war ein ärmlicher Einzug in ein Land, wo fromme Adelskreise ihn schon erwarteten, wie zum Beispiel der Generalmajor von Campenhausen und die Generalin von Hallart. Und doch entsprach er der Zeitlage. Durch den Nordischen Krieg, der im Baltikum, wie in Deutschland der Dreißigjährige Krieg, gewütet hatte, war alles verarmt. Die Reise wurde zu einem Triumphzug, der in der Geschichte des Baltikums eine neue Epoche einleiten sollte. In Reval und in Riga räumte man dem Grafen die Kanzeln der größten Kirchen ein. Man huldigte ohne Vorbehalt dem glühenden Prediger im gräflichen Gewand. Denn im Baltikum war die Pfarrerschaft den deutschen Adeligen sozial gleichgestellt und man nahm an einem Reichsgrafen als Geistlichen keinen Anstoß.

Wichtig wurde Zinzendorfs *Livländischer Plan*. In den baltischen Provinzen lebten neben einer dünnen deutschen Oberschicht etwa eine Million Esten und Letten. Sie gehörten der lutherischen Kirche an und doch blieben sie heimliche Heiden. Primitiver Opferkult, an versteckten Opferplätzen in den Wäldern, an den Rändern der zahllosen kleinen Seen des Landes, magische Tänze und Beschwörungen blieben ihre eigentliche Religion. Erhebliche soziale Unterschiede zwischen den deutschen Baronen und den leibeigenen estnischen wie lettischen Bauern rissen die Kluft noch tiefer auf. Das Murren gegen die deutsche Oberschicht, die „ihnen das Land gestohlen", war unheimlich, und verhärtete alle Herzen. Die Predigten der deutschen Pfarrer verhallten ohnmächtig.

Einige deutsche Barone sahen alles mit nüchternen Augen und riefen Zinzendorf und seine Herrnhuter zu Hilfe. Die Brüder kamen auf Zinzendorfs *Livländischen Plan* hin ins Land. Sie lebten das einfache, kärgliche Leben der geschundenen Esten und Letten, gegen die man noch mit der Prügelstrafe vorgehen konnte. Sie nahmen den heimlichen Opferdienst der Esten und Letten ernst und überwanden ihn von innen her. Sie wiesen ganz schlicht auf den einen hin, der alle Opfer für sie auf sich genommen habe. Das durchbrach den Bann des heidnischen Glaubens und der Feindseligkeit lettischer und estnischer Bauern gegen alle Deutsche.

Kaum ein Dorf, vor allem auf der Insel Ösel, wurde von dem inneren Umbruch unberührt gelassen. Die Schenken verödeten, die hemmungslosen Gelage bei Hochzeiten und Kindtaufen hörten auf, ein neues Verhältnis zwischen Gutsherrschaft und leibeigenen Bauern entstand. Aus eigenem Antrieb zerstörten die Bauern ihre geheimen Opferstätten. Von dieser „Erweckung" im Jahre 1736 an begann ein neues Blatt in der Geschichte des estnischen und lettischen Volkes. „Was die Sendboten Herrnhuts über dieselben Letten und Esten vermocht haben, welche die Kirchenreformation des 16. Jahrhunderts ebenso passiv hingenommen hatten wie später die polnischjesuitischen Versuche zur Wiederaufrichtung des Katholizismus, grenzt ans Fabelhafte und würde unglaublich erscheinen, wenn es nicht durch zahlreiche Zeugnisse verbürgt wäre", hat einer der besten und sachlichsten Kenner des Baltikums ausgesprochen. Denn zugleich mit der sittlichen und religiösen Hebung erwachte das nationale Selbstbewußtsein in diesen kleinen Völkern. Die Lutherische Kirche in Livland und Estland wuchs in eine neue, durch Herrnhuter Einrichtungen befruchtete gemeindemäßige Form hinein.

Das nächste große Ereignis in der Zeit nach Zinzendorfs Verbannung aus Kursachsen bildete im Oktober 1736 seine Begegnung mit dem preußischen König Friedrich Wilhelm I., der als der Soldatenkönig in die Geschichte eingegangen ist. Des Grafen Stiefvater deutete ihm an, daß er von dem König viel Unangenehmes zu erwarten habe.

Friedrich Wilhelm I. wußte, daß man Könige zu betrügen pflegt. So durchsuchte er seine Umgebung nach wahrhaftigen Menschen. Zinzendorf war zuerst bestürzt darüber, wie man ihn im Schloß empfing. Der König schickte ihm einen seiner „Lustigen Räte" zum Empfang entgegen, der sollte Zinzendorf zur Audienz bitten. Doch schlich sich dieser Spaßmacher, wir wissen nicht mehr, welcher es war, ohne ihn zum König zurück.

„Wo bleibt er, was hat er gesagt?" fragte der Monarch den „Lustigen Rat". – „Nichts." – „Er ist kein Narr, schickt einen Pagen, er möge zur Tafel kommen." Das war der Anfang einer Freundschaft, die zwischen dem König und Zinzendorf begründet wurde. Sie begann mit schweren Vorbehalten seitens des Königs. *Es war ein erschrecklicher Empfang. Da habe ich gesehen, was ein Monarch vermag, und habe begreifen lernen, warum manche Leute vor ihnen verstummen. Den Empfang kann ich keinem Menschen beschreiben ... Sein Absehen war, mich aus der Fassung zu bringen ... Aber das mißlang, und nachdem die Ideen weg waren, die er von mir hatte, so kam eine andere, nämlich Grund von mir zu haben, und da er den hatte, so war die dritte Idee da, nämlich die größte Liebe und Hochachtung. Sein Land stünde mir und meiner Gemeine offen. Ich: Solange bis mich jemand in Ungnade brächte. Er: Das kann kein Mensch. Ich: Das wäre kein großer Herr imstande zu gewähren. Er: Ich kanns. Und das hat er gehalten.*

Über den Inhalt der dreitägigen Gespräche hat Zinzendorf seiner Umgebung nicht viel mitgeteilt. Aus einem Brief nach Nordamerika entnehmen wir, daß *der König am ersten Tage kalt, aber gründlich mit ihm geredet, am zweiten Tage offner, am dritten aber vor der Königin und dem Hofstaat erklärte: Nun will ich auch ein öffentliches*

Bekenntnis tun: Ihr, Ihr Herren und die Ihr mit mir geredet habt, Ihr habt mich alle belogen und betrogen. Der Teufel in der Hölle kann nicht ärger lügen. Ihr habt mir so viel vom Grafen erzählt, daß ich gedacht, er sei ein Mann, den man entweder zu einem Narren gebrauchen kann, oder er sei ein verfluchter, teuflischer Mensch. Ich kann nicht leugnen, daß ich zum ersteren Lust gehabt und ihn deswegen hierher gerufen. Es ist aber fehlgeschlagen. Gott hat mich überzeugt, daß er es treu und redlich meint. Seine ganze Sünde ist, daß er sich als Graf und in der Welt angesehener Mann dem Dienst des Evangeliums widmet.

Zinzendorf wurde des Königs geheimer Seelsorger. Das Vertrauensverhältnis ist nicht mehr zerstört worden. Das größte Territorium in Deutschland, der mächtig aufstrebende brandenburgisch-preußische Staat, öffnete sich Zinzendorf und seinen Brüdern. Eine Schutzmacht war gewonnen worden, was auf Kursachsen seinen Eindruck nicht verfehlte.

In Berlin ließ sich Zinzendorf durch den Oberhofprediger Daniel Ernst Jablonski 1737 zum Bischof der mährischen Brüderkirche „in Böhmen, Polen und anderswo" weihen. Damit übernahm er aus den Händen des Enkels des letzten Brüderbischofs, des berühmten Johann Amos Comenius, ein uraltes Amt. Zinzendorf besaß dadurch die kirchenrechtlich gesicherte Vollmacht, Brüdermissionare zu ordinieren, die nunmehr taufen, trauen und das Abendmahl spenden durften. Neben diesem Recht zur Ordination besaß diese Bischofswürde keinerlei Bedeutung innerhalb der Brüderkirche. Zinzendorf hat später im Zusammenhang mit Verdächtigungen, die ihm stark zusetzten, das Bischofsamt wieder niedergelegt.

Seinen größten Triumph in der Zeit, da er ruhelos durch Europa reiste, erlebte Zinzendorf 1738 durch seine *Berliner Reden.* Vier Monate weilte der Graf in Berlin. Er trat standesgemäß auf. Ein großes Haus war gemietet worden. Siebzig Brüder und Schwestern aus Herrnhut waren herübergekommen und umgaben ihn. Seine Frau und seine Kinder wohnten bei ihm. Der kleine Christian Renatus trug einen Degen und fuhr in einem eigenen Wagen aus.

Die Berliner Pastorenschaft wollte Zinzendorf keine Kanzel einräumen. Sie schlug ihm mit Rücksicht auf den König vor, seine Hausandachten nicht auf die eigene Familie zu beschränken. Sie ahnte nicht, was sie damit anrichtete. Ein unerwarteter Zustrom aus allen Bevölkerungsschichten der Stadt zu des Grafen Hausandachten setzte ein. Die Straße stand voller wartender Kutschen, wenn der Graf sprach. Zinzendorf mußte mit den Teilnehmern seiner Hausandachten auf den Dachboden steigen. Dort standen, in Frauen- und Männerversammlungen getrennt, jeweils gegen 500 Personen dicht gedrängt, um ihn zu hören. Nebeneinander sah man Generale, Minister, böhmische Exulanten, Studenten, Bürger und Handwerker, Gelehrte, Konsistorialräte, Männer aus allen Kreisen, die dem Grafen die Worte förmlich vom Mund ablasen.

Die *Berliner Reden* sind, wenn auch nicht wortwörtlich, nachgeschrieben und in Druck gekommen. Unter allen gräflichen Schriften sind sie am meisten gelesen worden und haben die weiteste Wirkung ausgeübt. *Die Berlinischen Predigten sind vor der ganzen Welt gehalten worden.*

Bei Zinzendorf selbst bedeuteten diese Ansprachen einen deutlichen Einschnitt. Nach religiösem Suchen und Tasten und manchen Schroffheiten seiner persönlichen Frömmigkeit war mit ihnen eine klare Wendung zu Luther vollzogen worden, dessen eigenwilliger, aber echter Schüler er sein Leben lang geblieben ist. Man wird ihn immer mißverstehen, wenn das nicht beachtet wird. Daneben sind gewisse schwärmerische Züge bei ihm unbestreitbar. Sie haben jedoch mehr seine Frömmigkeit als seine theologischen Grundpositionen bestimmt.

Doch kaum hat er die entscheidende Wendung zu Luther vollzogen, trägt er den Angriff weiter stürmisch vor: *Die ehrbaren Leute sind darum oft die großen Sünder . . . Gott hat den Heiland für uns ans Kreuz tun lassen. Wir können nichts abbüßen. Erst durch die Vergebung der Sünden beginnt ein anderes Leben.* Es gibt nur eine Sünde, die des Unglaubens. Aus Glaube entsteht Liebe zu den Brüdern.

In einer Zeit, in der das Christentum zu einer trockenen moralischen Veranstaltung herabsank, wirkte Zinzendorf mit seinem dynamischen Christusverständnis unmittelbar. Bei ihm brach, nach manchen Irrwegen und Übersteigerungen in seiner Frömmigkeit, ein Moment der Freude und Freiheit auf. Das wurde bis in die äußere Baugestaltung hinein sichtbar. In Herrnhut baute man schöne Barockhäuser, umgeben von Teppichbeeten, Kieswegen, beschnittenen Laubengängen und versteckten, zierlichen Gartenhäuschen. Das familienhafte Zusammenwohnen in den Chorhäusern besaß eine festlichheitere Note. Zinzendorf ermunterte seine Herrnhuter im Erdenken immer neuer Anlässe, ein Fest zu feiern. So hart man tagsüber arbeiten mußte, um das tägliche Brot zu haben, so froh sollten sich die Abendstunden und vor allem der Sonnabend gestalten, an dem man kürzer arbeitete. Selbst der Gottesdienstraum, in dem man sich versammelte, war in ein helles und strahlendes Weiß getaucht. Ehrfurcht und Heiterkeit atmeten die gemeinsamen Gottesdienste. Man musizierte in ihnen unermüdlich. Fast übermütig klang das Wort Zinzendorfs: Die Pietisten gehen zu Fuß, wir reiten zu Pferd. Die Pietisten, immer in Gewissensangst und Bußernst festgehalten, so sah er sie. Das, was ihn singen machet, hat den Grafen für Tausende unwiderstehlich gemacht.

Ach Gottes Wort, du wahres Licht,
du Glanz des Königs aller Ehren!
O Liebe, die den Himmel bricht,
in meiner Hütte einzukehren.
Hier find ich mich, hier greif ich zu.

In Amerika

Noch bevor Zinzendorf aus Kursachsen ausgewiesen worden war, traf in Herrnhut die erschütternde Nachricht von dem großen Sterben auf St. Croix ein. Auch auf diese Insel Westindiens waren Herrnhuter Boten mit ihren Familien gezogen, um ein Siedlungswerk neben der Negermission zu beginnen. In der heißen und erschlaffenden Sonne Westindiens waren sie bis auf wenige dem Fieber erlegen.

Die Gemeine in Herrnhut war wie erstarrt. Dann brach ein Murren auf: *Es war damals eine Generalrevolte in der Gemeine, daß wir die Brüder nach St. Thomas und St. Croix geschickt und das Volk der Herrnhuter getötet hatten, und es ließ sich fast zu einer Rotte Korah an . . . Sie hätten uns bald zu Herrnhut hinausgejagt.* Zinzendorf dramatisierte gern in seinen Erinnerungen. Die ältere Generation, die ihre Söhne und Töchter verloren hatte, war jedenfalls sehr aufgebracht. Der Graf wurde wieder Herr der Lage. Doch drängt es ihn nun selbst dorthin, wo die Brüder auf schwierigem Posten standen. Es war ihm der Vorwurf zu Ohren gekommen, daß *er unbarmherzig mit den Brüdern und Schwestern handle und sie nur so in den Tod schicke.*

Im Spätherbst 1738 beschloß er, mit zwei ausziehenden Brüdern nach St. Thomas zu reisen. *Ein Diener Jesu Christi müsse nicht darum sterben, weil er an einem ungesunden Orte lebe, sondern er gehe zu seiner Ruhe ein, wenn des Herrn Stunde dazu schlage.* Durch seine

Kirchensaal in Herrnhut (1926).

eigene Überfahrt nach der westindischen Inselwelt wollte er es unter Beweis stellen. Ein großes Wagnis bildete ein solches Unternehmen in damaliger Zeit. *Er nahm nicht anders von der Gräfin Abschied, als wenn er in die Ewigkeit ginge, und sie ob sie ihn wiedersehen würde.*

Was die Gräfin dabei bewegte, klang in ihrem Abschiedsbrief an den Grafen still und verhalten wider:

Willst Du nun Botschaft gehn?
Ist's nun des Herren Wille,
So will ich in die Stille,
Derweile zu ihm flehn,
Daß, weil er Dich geheißen,
Nach Indien zu reisen,
Er alles laß geschehn,
Was er dadurch ersehn.

Der Herzog übers Heer,
Der Hirte seiner Herde,
Der König seiner Erde,
Der Herrscher übers Meer,
Leit Dich durch Wind und Wellen

Mit Deinen Reisgesellen
In Gnaden hin und her.

In einem dreizehnstrophigen Antwortlied klang des Grafen zarte Huldigung auf:

Einen Blick der Freude
Und der Innigkeit
Sah man, wenn wir beide
Eine kurze Zeit
Von einander waren
Und uns wiedersahen
In den sechzehn Jahren
Dir beständig an.

Auf der Reise mit dem Segelschiff härtete sich Zinzendorf auf seine Weise für die zu erwartenden Strapazen ab. *Wenn mir ein anderer meine Diät nachtun wollte, der würde es nicht treffen. Den Tag nichts, als abends eine kalte Schale und nachts um 12 Uhr ein Glas Mandelmilch, und so bin ich nach St. Thomas gekommen ... Ehe ich aufs Schiff ging, hab ich zur Ader gelassen, aber in St. Thomas nicht.*

Zinzendorf landete im rechten Augenblick auf der Insel. *Meine Brüder und Schwestern habe ich als Gefangene von drei Monaten gefunden, als ich nach St. Thomas kam oder vielmehr daselbst wie der Donner auf dem Kastell einschlug.* Der Gouverneur zitterte vor dem Reichsgrafen. Unter der Knute gewinngieriger Kolonialeuropäer vegetierten die aus Afrika importierten Negersklaven. Die brutale Behandlung erzeugte blutige Negeraufstände, die zusammengeschlagen wurden. Nackter Terror vermochte die Negersklaven mühsam zu bändigen. Heiraten zwischen Negern wurden nicht anerkannt, die Negermädchen waren Freiwild für die Weißen. Die Mulatten wieder wurden von den rassestolzen Negern verachtet. Alles glich in dem mörderischen Klima einem Hexenkessel.

Das große Vertrauen, das die Herrnhuter unter den Negern gewannen, brachte die Pflanzer zur Weißglut. Um unter den Negerinnen arbeiten zu können, heiratete ein Herrnhuter eine gebildete Mulattin, die Christin Rebekka. Die Antwort der Kolonialeuropäer war ihre Verhaftung. Ein der Vergessenheit anheimgefallenes Gesetz, das die Heirat zwischen Weiß und Schwarz verbot, wurde ausgegraben.

Hier schaffte Zinzendorf, ganz Reichsgraf und ganz beherrscht unter nervlich überreizten Kolonialweißen, durchgreifend Ordnung. Die Mulattin Rebekka, die ihm im Gefängnis in Gegenwart des dänischen Gouverneurs und seiner Offiziere vorgeführt wurde, begrüßte Zinzendorf mit einem Handkuß. Das wirkte bereits für sich.

Um die letzten Unklarheiten auszuräumen, wurden noch manche mühselige Verhandlungen notwendig. Doch der Erfolg der gräflichen Reise war eindeutig. Der Widerstand der missionsfeindlichen Weißen brach endgültig zusammen und die Missionsarbeit wurde nicht mehr in Frage gestellt. Die Missionsarbeit selbst entgiftete das Verhältnis zwischen Weiß und Schwarz allmählich. Es trat eine gewisse Humanisierung im Sklavenrecht ein.

Krank, das karibische Gift (Malaria) *in den Gliedern, den Körper mit Geschwüren bedeckt,* kehrte Zinzendorf heim. Noch einmal

Erdmuthe Dorothea Reichsgräfin von Zinzendorf, geb. Gräfin Reuß (1700–1756).

rüstete sich der Graf auf eine Überseereise. Am 7. August 1741, fast drei Jahre später, stand nachts 11 Uhr der Reisewagen vor dem Schloßportal von Marienborn, das der Graf inzwischen mit seiner Familie und der „Pilgergemeine“, seinem engsten Mitarbeiterstaat, nach dem Verlassen der Ronneburg bezogen hatte. Mit seiner siebzehnjährigen Tochter Benigna als Reisebegleiterin wollte sich Zinzendorf nach Nordamerika begeben.

Sein Ziel war die Quäkerkolonie Pennsylvania. Er meinte dort eine besondere Aufgabe an den Quäkern zu besitzen, die religiös verflacht waren. Doch war George Whitefield, der wortgewaltige Erweckungsprediger Englands, kurz zuvor nach Pennsylvania gekommen und besaß allein das Ohr der Englischsprechenden. Seine Reisen durch Nordamerika glichen wahren Triumphzügen.

In Pennsylvania lebten über 20 000 deutsche Einwanderer, die sich mühsam ihre Existenz zu schaffen suchten. Inmitten riesiger Urwälder und Prärien waren sie wie verloren. Da es an jeglicher kirchlichen Betreuung fehlte, verfielen auch die letzten einer religiösen Gleichgültigkeit. Wer noch religiöses Leben suchte, verfiel fast unweigerlich einer der Sekten oft wunderlichster Art, die sich gegenseitig die Rechtgläubigkeit absprachen.

In den kleinen pennsylvanischen Städten hatten sich kümmerliche deutsche evangelische Gemeinden gebildet, denen es an Geistlichen mangelte. Hier stellte sich Zinzendorf sofort zur Verfügung und wurde zum Superintendenten der deutschen lutherischen Gemeinde zu Philadelphia gewählt. Der Graf hat sich redlich bemüht, eine gewisse Ordnung in das mühsame kirchliche Leben zu bringen und vor allem die Gegensätze zwischen den deutschen lutherischen und deutschen reformierten Gemeinden zu schlichten.

Doch ist ihm auch diese Arbeit, in der Zinzendorf nicht immer eine glückliche Hand bei der Wahl der Mitarbeiter besaß, bald durch Geistliche abgenommen worden, die endlich von Halle aus nach Pennsylvania geschickt wurden und auf die man dort bereits lange gewartet hatte. Zinzendorf hat nur ein Provisorium überbrücken helfen und seine Gegner in Halle zur Eile getrieben. Es ist dem Grafen nicht leicht gefallen, diese Entwicklung schließlich gutzuheißen. Die erste deutsche lutherische Kirche in Pennsylvania wurde hallisch, nicht zinzendorfisch.

Man vermag auch nicht von durchgreifenden Erfolgen zu reden, wenn man an Zinzendorfs Bemühungen um die evangelischen Sektenleute denkt. Bereits vor Zinzendorfs Ankunft in Pennsylvania war man in diesen pietistischen Sondergrüpplein des Haders satt geworden und suchte eine „Generalkonferenz der verschiedenen Religionsparteien deutscher Nationen“ zu Wege zu bringen. Hier kam Zinzendorf wie gerufen, der mit Geduld und Geschick diese oft verdrehten Leute in sieben Konferenzen zusammenbrachte. Diese *vielen stolzen geistlichen Fähnlein im Lande* liefen dann doch wieder auseinander. Die noch bei Zinzendorf ausharrten, wollten ihn dazu bestimmen, eine neue Kirchengemeinschaft zu gründen. Hier aber bekannte sich Zinzendorf zu seiner lutherischen Kirche: *Ich lebe und sterbe in ihr.*

Es blieb nur wenig zu tun übrig. Er beschloß, die „Pennsylvanischen Religionskonferenzen“ aufrechtzuerhalten. Sie wurden im Laufe der Zeit zu reinen „Brüdersynoden“, zu denen man aus dem ganzen Land zusammenströmte. Unvermerkt waren sie herrnhutisch geworden. Die brüderischen Siedlungen zu Nazareth und Bethlehem wuchsen sich zu einer Brüderkirche in Amerika aus.

Ringsum in den riesigen Waldgebieten Pennsylvanias wohnten die Indianer. Zu ihnen trieb es Zinzendorf mit unwiderstehlicher Gewalt in drei abenteuerlichen und strapazenreichen Reisen. Einen Kontakt zu ihnen fand er erst, als er sich mit Konrad Weißer, einem eingewanderten Württemberger, verband. Dieser fungierte als berühmter Friedensrichter zwischen der Pennsylvanischen Regierung und den Indianern. Dazu war er in einzigartiger Weise befähigt, hatte ihn doch sein eigener Vater zu den Indianern in die „Lehre“, ins Zelt gegeben.

Zinzendorf und Konrad Weißer mit den Häuptlingen der Irokesen am 17. August 1742.

Er besaß ihr völliges Vertrauen. Als gerechter und unparteiischer Schiedsrichter erkannten ihn beide Seiten an.

Dieses Vertrauensverhältnis zwischen diesem Sohn Württembergs und den Indianern inspirierte Zinzendorf zu einem hochgemuten Plan, einen großen Verband christlich-deutsch-indianischer Gemeinen, eine „civitas Indiana-Germania", ins Leben zu rufen. Die englischsprechende Majorität in Pennsylvania verachtete weithin die ins Land gekommenen Deutschen, sie waren ihnen im Grunde so wenig erwünscht wie die Indianer. Andererseits hatten die Indianer den kleinen deutschen Einwanderergruppen am Rande ihrer unermeßlichen Wälder manche „nachbarliche" Hilfe erwiesen, sie ließen sie nicht verhungern und gaben ihnen in den harten Wintern wärmende Pelze. Wiesen diese Erfahrungen nicht die Deutschen und die Indianer zueinander?

Doch so einfach war die Sachlage nicht. Die letzte Reise zu den Indianern führte den Grafen unter Begleitung Weißers durch Wälder und Moraste zu den besonders wilden Stämmen im Gebiet der Shywanoes. Zwanzig Tage zeltete Zinzendorf unter ihnen. Weißer, von einer ihm unerklärlichen Sorge bedrängt, kehrte rechtzeitig zurück, um einen Mordanschlag der Indianer zu vereiteln.

Der kühne Plan Zinzendorfs realisierte sich nicht. Wohl haben die Herrnhuter die Missionsarbeit unter den Indianern begonnen. Unter unsagbaren Opfern sammelten sie kleine Gemeinen christlich gewordener Indianer. Doch in den Vernichtungskämpfen zwischen den Kolonisten und den heidnisch gebliebenen Indianern wurden sie ohne Schonung von beiden Teilen aufgerieben. Die ganze Tragik der Besiedlung Nordamerikas wurde sichtbar. Was an Resten in den sogenannten Indianerreservaten gesammelt wurde, die dem ursprünglichen Plan des Grafen ähnelten, konnte nicht mehr wirksam geschützt werden. Die Indianer entwickelten selbst nicht genug Abwehrkräfte gegen die eindringenden zivilisatorischen Versuchungen.

In Amerika hat Zinzendorf viel gelernt. Was war ihm am wichtigsten geworden? Doch wohl die Erkenntnis, daß sich christliche Existenz nicht in den eng gezogenen Grenzen europäischen Volkskirchentums erschöpft. Ja, in Amerika hatte man dort einzusetzen, wo man im kirchlichen Europa steckengeblieben war. Nach Zinzendorfs Überzeugung bedurfte Amerika wagemutiger Christengemeinden, die den amerikanischen Christen und Nichtchristen neue christliche Existenzformen vorlebten und den Weg zur amerikanischen Form des Kirchentums freilegten.

Das alles hat Zinzendorfs hervorragender Mitarbeiter Spangenberg aufgegriffen und nach seiner Abreise in den brüderischen Gemeinen in Bethlehem und Nazareth innerhalb Pennsylvanias praktiziert. „Dieses förmlich über Nacht entstandene, maßlos arbeitende, wirtschaftende, singende, musizierende Gemeinwesen mit seiner peinlichen Wirtschaftlichkeit und mit seinem überströmenden Frohsinn, mit seinen Manufakturen und seinen Liebesmählern, mit seinen wogenden Kornfeldern, seinen stolzen Viehherden, mit seinem aufblühenden Handel, wie mit seinen Chorhäusern und Kinderanstalten, seinen Schulen und Missionsunternehmungen: das ist Bethlehem, das ist Spangenbergs Werk! Doch auch er ist nicht eigentlich der Schöpfer, sondern nur Träger, Gestalter einer der Gemeine Bethlehem von Zinzendorf eingeflößten Grundvorstellung: wir haben den Beruf, des Heilands Sache in Amerika zu fördern." – „Enthusiasmus und Nüchternheit, Glaubensmut und Rechenkunst, Innerlichstes und Äußerlichstes, aber auch wieder Strenge und Weitherzigkeit, Unbeugsamkeit und Friedfertigkeit, Ordnung und Beweglichkeit" waren nicht nur das Geheimnis der brüderischen Siedlungen in Bethlehem und Nazareth in Pennsylvania, sondern auch das ihres geistigen Führers Zinzendorf. Das war Zinzendorfs Streitersinn, Geist der ersten Mähren.

Sie brachten in einem heiter-frohen Glauben das fertig, was ihr Graf von ihnen erwartet hatte. Ihre Gemeinen wurden nun der Ausgangspunkt für ihre Arbeit im Lande. Versammlungs- und Schulhäuser wurden errichtet, der Reisepredigerdienst weitete sich, nicht nur die Indianermission, selbst die Missionsarbeit in Westindien und anderswo fand hier ihren Stützpunkt. Man machte keine Schulden, empfing keine Zuschüsse aus Europa und zeigte dem alten Kontinent, wie es um das Land der unbegrenzten Möglichkeiten bestellt war.

Als Zinzendorf in die Wetterau zurückkehrte, überraschte ihn die „Etablierung der Mährischen Kirche" in Schlesien. Friedrich der Große hatte in seiner neuen Provinz die Brüderkirche offiziell anerkannt. Während Zinzendorfs Abwesenheit waren an verschiedenen Orten schlesische Brüdergemeinen im Entstehen begriffen. Diese neuen Gemeinen bildeten nicht mehr ein Anhängsel an eine bestehende evangelische Kirchengemeinde wie in Herrnhut. Sie bestanden für sich und rechneten sich zur wiedererstandenen Brüder-Unität. Diese neuen Gemeinen bekannten sich zum Erbe der alten böhmisch-mährischen Brüderkirche und als deren Nachfahren.

Herrnhaag in der Wetterau (Aquarell um 1750).

Zinzendorf hat diese Entwicklung zuerst rückgängig machen wollen. Es kam zu schweren Auseinandersetzungen mit seinen Mitarbeitern, die er im ersten Unwillen seinen Zorn spüren ließ. Der Graf hatte seine ganze Arbeit als eine ökumenisch-diakonisch-missionarische Beauftragung, als eine inner- bzw. zwischenkirchliche Erneuerungsbewegung verstanden, und dabei wollte er bleiben. Schließlich hat er sich mit der neuen Lage abgefunden. Bald bereiste er die neuentstandenen schlesischen Gemeinen und fühlte sich in ihnen wohl. In ihnen wuchs ihm eine neue opferbereite aktive Mitarbeiterschar zu, denn der Zuzug aus dem mährisch-deutschen Geheimprotestantismus war versiegt.

Zinzendorfs Ja zur Brüderkirche war mit einem Nein verbunden, wie er auch zu seiner lutherischen Kirche, überhaupt zu allen Reformationskirchen Ja und zugleich Nein sagte. In einem Sammelband, den *Theologischen Bedenken* von 1742, seinem Bekenntnis zu dieser neuen Sachlage in Schlesien, weist er selbst leidenschaftlich darauf hin, daß man ihn völlig mißverstehe, wenn man ihn nicht als dialektischen Denker ernst nehme. Er müsse um der Wahrheit willen so oft paradox sprechen wie die Bibel selbst. Das Evangelium sei nur zu fassen, wenn man seine Paradoxien nicht verharmlose, in lauter Harmonien auflöse. Damit stemmt er sich gegen die ganze Stimmungslage seines Jahrhunderts, die alles in großen Harmonien zusammenschaute.

Zinzendorfs Kritik an den Reformationskirchen spielte sich nicht im Lehrmäßigen ab. *Die Lehre der Evangelischen Kirche ist apostolisch und nach Luthers Sinn; die Kirchenverfassung unapostolisch und wider Luthers Sinn. Darum täten die Mährischen Brüder übel, wenn sie ihre dreihundertjährige Zucht und Ordnung fahren ließen, um sich schlechterdings in eine* (erg. staatskirchliche) *Einrichtung zu begeben, die sie nicht völlig approbieren können.* Darum bliebe er der *Patronus* der Mährischen Kirche und sei ihr auf Gedeih und Verderben verbunden.

Und doch, auch bei ihr setzte er zum Ja das Nein. Ihr Sinn liege nicht in ihr selbst. Darum hielte er sie bewußt klein, nur wenige Dörfer solle sie bilden, hineingestreut in die großen Volkskirchen. Sie habe nur einen Plan und nur eine einzige Aufgabe, hinzugeben und zu helfen. Darum wolle sie in den großen Kirchen leben, in ihnen als eine innerkirchliche Erneuerungsbewegung wirken. Für die Brüderkirche wünsche er sich kein anderes Recht, als daß sie *mit einer eigenen jure collature [Berufungsrecht] versehene lutherische oder reformierte Dörfer,* das heißt Sondergemeinen mit eigentümlicher Struktur bilden dürfe.

Mißverständnisse und Mißdeutungen konnten nicht ausbleiben. Diese kleine Freikirche, die diakonisch und missionarisch aktiv war, bildete ein erregendes Novum innerhalb der unbeweglichen Staats- bzw. Pastorenkirchen mit ihrem schwerfälligen Behördenapparat. Daß ihr Massen zuliefen, so daß sie Aufnahmesperren einführen mußte, während die Staatskirchen diese Anziehungskraft nicht ausübten, war ebenso ungewöhnlich.

So blieb die von Zinzendorf inspirierte Freikirche bewußt klein. Der amerikanische Zweig hat erst im 20. Jahrhundert dieses Prinzip aufgegeben. Die englische, die holländische und die deutsche Brüderkirche haben sich an diese zahlenmäßige Beschränkung gehalten. Nur in der Missionsarbeit hat man Hunderttausende gesammelt.

Eine geniale Zeit?

Die heute in allen Erdteilen wirkende Brüderkirche spricht selbst nach zweihundertfünfzig Jahren ihrer Geschichte nur ungern von der sogenannten „Sichtungszeit“ zwischen 1740 und 1750. Die Vorgänge, die sich damals in der Wetterau in Zinzendorfs Gemeine Herrnhaag, aber auch anderswo, abspielten, sind ihr peinlich. Doch hat die moderne Forschung immer einhelliger diese Periode Zinzendorfs als seine schöpferischste erkannt.

In ihr stieß der Graf zu neuen Ufern vor. Die Sichtungszeit enthüllte sich als der geniale Versuch Zinzendorfs, die Aufklärung des 18. Jahrhunderts in einem temperamentvollen Angriff aus dem Sattel zu heben und zu den Quellen durchzustoßen, aus denen nach ihm Hamann, Herder, Rousseau und die Romantik schöpften. Nur ein genialer Mensch konnte diese Kräfte aufbringen, die dazu gehörten, die geistigen Tore in Welten aufzubrechen, die um die Mitte seines Jahrhunderts noch verschlossen waren. Es war ein Wagnis wert, dieses Anliegen bis in die Höhe der „Karikatur" und des „Spiels" emporzusteigern.

Worum handelte es sich in der Sichtungszeit? Wir versuchen zuerst, einmal die Tatsachen sprechen zu lassen.

Durch Freunde hatte Zinzendorf im Jahre 1738 von dem Büdinger Grafen das herrschaftliche Gut in Vonhausen mit ca. 500 Morgen Land kaufen lassen. Holländische Gesinnungsverwandte gewährten auch hier gegen Sicherheiten dem Büdinger regierenden Herrn ein Darlehen von 150 000 Gulden.

Nun konnte man handeln. Auf dem ehemaligen Hofgut entstand die neue Gemeine Herrnhaag, die rechtlich fast ein eigenes zinzendorfisches Territorium bildete. Nach einem einheitlichen Plan entstand eine Siedlung von geschlossenem Charakter und herrschaftlicher Prägung. Nur zweigeschossige Häuser waren vorgesehen. Sie wurden um einen weiten quadratischen Platz geordnet. Inmitten dieses Platzes, dem Zentrum auch aller späteren brüderischen Siedlungen, stand ein entzückendes Brunnenhäuschen mit kleinem Glockenspiel und einer Uhr. Eine Gartenkultur zauberte auf dem ehemaligen Ackerland gepflegte Ziergärten hervor. Eine Bauleitung überwachte alle Bauten, um die Einheitlichkeit der ganzen Anlage zu gewährleisten. Das stattlichste Gebäude wurde die „Lichtenburg", eine große vierflügelige Anlage mit Innenhof. Vornehme Ruhe und Ausgewogenheit bestimmten alle seine Baukörper.

In der Lichtenburg wurde der Kirchsaal eingebaut, der durch zwei Geschosse reichte und für tausend Besucher berechnet war. Links und rechts von diesem Raum befanden sich Wohnstuben der Geschwister. Dieses Ineinander von Betsaal und Wohnräumen entsprach dem Lebensgefühl Zinzendorfs und der Brüderkirche. Es sollte keine unnatürliche Trennung zwischen Profanem und Heiligem, keine Scheidung zwischen Alltag und Feiertag geben. Darum besaß der Betsaal Fenstervorhänge und sollte daran erinnern, daß er einer großen Wohnstube ähnlich zu bleiben habe.

Die Bänke waren nicht fest angebracht. Man konnte sie dem Charakter des einzelnen Festes entsprechend zusammenrücken und weite freie Flächen im Saal schaffen.

Für die ganze Siedlung, die in ihrer einheitlichen Gestaltung an kleine Residenzstädte erinnerte, war eine Verbindung von Einfachheit, Intimität und unverkennbarer Vornehmheit charakteristisch. Hier spiegelte sich die Zusammensetzung der Herrnhaager Gemeine wider. Anders als in Herrnhut, wo noch immer die schlichten, durch Verfolgung und Strapazen gezeichneten Exulanten vorherrschten, waren es hier ein „in Kultur gebetteter Adel“ und ein bildungsgesättigtes westdeutsches Bürgertum, die bestimmend wurden.

Wie kam Zinzendorf so rasch zu tausend Einwohnern seiner Siedlung Herrnhaag? In der Schweiz hatte der hochbegabte Perückenmacher Friedrich Wilhelm Biefer, ein Frankfurter, eine Bewegung für Zinzendorf angefacht. Der Pietismus war dort teilweise recht verquält, eng und gesetzlich. Daneben gab es Vertreter eines verworrenen Mystizismus. Biefer vertrat eindrucksvoll die gräflich-herrnhutische Frömmigkeit mit ihrer Freiheit und Heiterkeit. Das zündete. In Basel, Bern und Genf entstanden Freundeskreise, aus denen sich die „Herrnhutischen Sozietäten“ entwickelten.

In Württemberg hat vor allem der Schneider Johann Conrad Lange, ein tiefinnerlicher Mann, für Herrnhaag die Bahn gebrochen. Es entstanden schwäbische Bruderschaften im herrnhutischen Stil. Aus der Schweiz und aus Württemberg stammten viele, die sich in Herrnhaag zur Aufnahme in der Brüdergemeine meldeten. Bei der Aufnahme ging man vorsichtig vor. Zinzendorf wußte, daß nicht jeder die Voraussetzungen für eine so straff organisierte Gemeinschaft mitbrachte. Zu einer solchen Lebensform waren selbst gewisse natürliche Veranlagungen notwendig, die nicht jedem gegeben sind. Mancher tat sich dennoch schwer und wanderte wieder kleinlaut ab.

In Herrnhaag trat die junge, nachwachsende Generation auf den Plan. Es war auffällig, daß sich der Graf seit seiner Reise nach Amerika mit dieser Jugend umgab, die begeisterungsfähig und zugleich radikal war. Mehrere Hundert der tausend Einwohner der neuen Stadt waren junge ledige Brüder. Zu ihnen gesellten sich die Studenten des nahen Seminars der Brüderkirche in Lindheim.

Diese Jugend war empfänglich für beides, was Zinzendorf in dieser Zeit nach 1740 bewegte. Er startete einen breitangelegten Angriff gegen ein unfrohes brüderisches Christentum, das noch nicht zur rechten Freude und Freiheit durchgebrochen war. Zugleich wollte Zinzendorf gegen den hausbackenen und steifen Moralismus der Aufklärung demonstrieren. Ein neues Sehnsuchtsbild war in dem seit seiner Amerikareise innerlich anders orientierten Grafen aufgebrochen. Es brach aus Tiefen auf, die vorromantisches Seelentum verrieten. Es war nicht nur der Einfluß Luthers, der Zinzendorf zu einer Christentumsauffassung geführt hatte, die dem Spontanen und Unmittelbaren einen weiten Raum im eigenen Leben einräumte.

Der Mensch des Rokoko pendelte in zwei Richtungen. Er überfeinerte alles immer stärker, er wurde immer verspielter, seine künstlerischen Ausdrucksmöglichkeiten immer zerbrechlicher, seine zarten Schöpfungen, zum Beispiel aus Porzellan, verhauchten förmlich. Und doch suchte der Mensch des Rokoko zugleich das Ungekünstelte und Natürliche. Er durchtanzte Nächte in seinen Rokokosälen und schwärmte dann aus, lagerte sich auf Wiesen und imitierte sehnsüchtig zugleich ein einfaches, primitives Landleben.

Das lag auch bei Zinzendorf dicht beieinander. Er hat die Form der Herrnhaager Gottesdienste und Festveranstaltungen entscheidend geprägt. Hier war er an keine kirchliche Rücksichtnahme gebunden. Wie sprach sich im äußeren Bild eine zierliche Gemessenheit der Formen und Bewegungen aus! Es war mit Händen zu greifen, daß die aristokratisch-höfische Haltung des Rokoko ins Kultische transponiert worden war.

Andererseits führte er die Proskynesis wieder ein. Man betete nicht kniend allein. Beim Abendmahl und im Silvestergottesdienst lag die ganze Gemeinde auf den Boden hingestreckt, wenn die Gebete gesprochen wurden. Das war nicht gemacht. Es kam aus einer tiefen Ehrfurcht und dem elementaren Bewußtsein, vor dem ewigen Gott zu stehen.

Auch der Ernst des Sterbens blieb ungeschwächt. Ein Gottesacker mußte angelegt werden. So manche junge Mutter starb bei der Geburt, scharenweise starben die Kinder. Die Männer wurden oft nur wenige Jahrzehnte alt. Im steten Umgang mit dem Tod entstand eine taktvolle Rücksichtnahme aufeinander. Weil der Tod so plötzlich einbrechen konnte, ging man behutsam miteinander um. Die Glieder der Rokokogesellschaft kannten ihre Aufgabe, die Schönheit und Heiterkeit in einer Welt zu repräsentieren, in der es oft hieß, eilends Abschied zu nehmen. Wie stark beschäftigte man sich im Gespräch, im Lied, im Gebet mit dem Tod.

Merkwürdig verschlungene Wege ging die Frömmigkeit Zinzendorfs und Herrnhaags in jener Zeitspanne. Will man sie darstellen, gerät man unversehens in einen Irrgarten, wie ihn die Rokokokultur in ihren Parks anzulegen liebte.

In Herrnhaag geriet die ganze Frömmigkeit ins Verspielte hinein. Zinzendorf hatte seiner Brüderkirche eingeprägt, daß der Glaube sich in der täglichen Gemeinschaft mit Christus vollzieht. Ihm sich von ganzem Herzen zu ergeben, aus seinem Opfertod her zu leben, ihm die Schuld, das Leid, die Sorgen zu klagen und bei ihm unentwegt zu bleiben, waren Kern und Stern dieser Frömmigkeitsausprägung. Umgang mit Christus hieß die Losung, Umgang mit dem Christus in der Gestalt des Gekreuzigten. Das konnte den Gang durch das irdische Leben zu einem Gang mit Freuden, in Sorglosigkeit und Heiterkeit gestalten.

Den Quellort aller Freude sollte Jesu Opfertod bilden. Weil die Zeit in ihren Denkformen immer abstrakter, immer begrifflicher, immer blutleerer wurde, drängte der Graf seine Brüder dahin, den Erlösungstod Christi immer realistischer, härter, derber, brutaler und wirklichkeitsnäher auszudrücken. So konzentrierte sich bei ihm alles auf Christi *Blut und Wunden, Blut und Wunden.* Die Wunde, die dem toten Christus mit der Lanze zugefügt worden war, wurde als „Seitenwunde", als offener Spalt zu dem entscheidenden Kultsymbol der Brüder in der Sichtungszeit. Es wurde fast verselbständigt und von der Person Christi getrennt.

Es fällt uns heute schwer, uns in diese Seelen- und Kultsprache von damals einzufühlen. Die Frömmigkeitssprache in den Liedern und Predigten schwamm förmlich im Blute Christi und ist uns heute einfach unerträglich. Blut und Wunden sollten als einzige Melodie noch gehört werden. Die Tatsächlichkeit der Kreuzesnot und des Kreuzestodes sollte so realistisch wie möglich dargestellt werden. Zinzendorf gelangte zu der Überzeugung, daß das Lied hier häßlich sein muß, weil der Gekreuzigte bar alles Ästhetischen und Schönen war, als er starb und der Leichengeruch sich ausbreitete.

Und doch sprach man alles nicht nur realistisch-häßlich aus, sondern verniedlichte es der damaligen Umgangssprache entsprechend im Verkleinerungsstil. Man redete mit Zinzendorf von der Seitenhöhle als „Höhlchen", von dem „Bruder Lämmlein", von der Seele als „Kreuzluftvöglein", das immer um das Kreuz zu fliegen trachtet, vom „Wundenwürmlein", von dem Sehnen, im Blut Christi zu schwimmen. In Verbindung mit der derb-realistischen Redeweise beim Grafen ergab es für uns heute geradezu peinliche Stilvermischungen.

Es kostet wenig Mühe, aus den Liedern Zinzendorfs jener Zeit genug Material zusammenzusuchen, um ihn der Lächerlichkeit preiszugeben. Man projiziert dann heutiges Seelentum in eine andere, längst vergangene Zeit zurück. Mit diesem Maßstab vermag man nicht richtig zu messen.

Goethe, der zeitlebens Distanz zu halten verstand, kannte die Liedschöpfungen Zinzendorfs aus der Sichtungszeit. Sein Urteil ist wohl kompetenter als das, was man oft über Zinzendorf lesen kann. „Ich machte große Fortschritte, in der Zinzendorfischen Art zu denken und zu sprechen . . . Er ist kein leerer Phantast, er spricht von großen Wahrheiten meist mit einem kühnen Fluge der Einbildungskraft; und die ihn geschmäht haben, wußten weder seine Eigenschaften zu schätzen noch zu unterscheiden. Ich gewann ihn unbeschreiblich lieb."

Wir vermögen hier nur anzudeuten. Man war unermüdlich, immer neue Wortbilder zu schaffen. Zinzendorf hat eine Schmiegsamkeit der deutschen Sprache gezeigt, die einen Herder zur höchsten Bewunderung hinriß. Wer nach Herrnhaag ging, konnte alle Stilarten nebeneinander hören. In den Gottesdiensten Zinzendorfs Reden in einem ruhigen und gebändigten Stil, geprägt von den lutherischen Fundamenten seiner Theologie. In den Liedern war alles bewegter. Es wechselten die alten Choräle mit neuen Schöpfungen dieser Sichtungszeit.

Barocke Musik mischte sich dazwischen. In den geschlossenen Chorversammlungen der ledigen Brüder und der ledigen Schwestern dagegen überschlug man sich förmlich in den Verniedlichungsformen einer ungehemmten „Blut- und Wundensprache".

Alles aber, was Zinzendorf sagte, legte ein eindrucksvolles Zeugnis ab für die Tiefe, mit der er in die geistigen Auseinandersetzungen der Zeit eingriff. Gegen den Rationalismus und die Einschrumpfung der aufklärerischen Frömmigkeit auf Gott, Tugend und Unsterblichkeit, so aufrichtig sie auch gelebt wurde, proklamierte er die *Herzensreligion,* die den ganzen Menschen ergreift und ihn in *tägliche* und *stündliche Konnexion* mit dem Heiland führt. Hier wurde in einer neuen Sprache das festgehalten, was die Reformation mit ihren Ausdrucksmöglichkeiten aussagte. Zugleich wies ein Begriff wie *Herzensreligion* auf Geniezeit und Romantik voraus.

Das Erstlingsbild mit den Erstgetauften der Herrnhuter Mission (Ölgemälde 1747).

Man muß versuchen, das alles zusammenzusehen, das Naive und Manierierte, das Derbe und das Verkünstelte, das Spielerische und den Todesernst, das Heitere und die Härte, die zum Opfer bereit war. Denn in ihren Liturgien und Gebeten gedachten sie unablässig der ganzen Christenheit. Man war nicht in sich selbst verliebt.

Auf diesem Boden entstand eine hohe Festkultur ganz eigener Art. Die Brüderkirche veranstaltete Feste, durch die die ganze Wetterau, die ganzen Kirchen in Europa munter wurden. Der Karfreitag in Herrnhaag wurde mit Illumination gefeiert. Der ledige Brüderchor war hier tonangebend. Am Karsamstag wurde der ganze Ort zur Illumination eingeladen. Das gräfliche Ehepaar stellte sich dazu ein. Den Brüdersaal schmückte man zum Liebesmahl mit Tannengrün und weißen Tüchern. Immer erfinderischer, verspielter und bizarrer wurden die Dekorationen, die die Seitenwunde Christi darstellten. Lebende Bilder wurden dargeboten, Verkündigungsspiele in der rokokohaften Vertändelung. Einmal wurde die Eingangstür zum Brüderhaus durch eine Illumination und durch eine Dekoration verziert. Aus der dargestellten Wunde Jesu „floß Blut heraus, daß es plätscherte . . ." Sie war so groß dargestellt, daß man durch diese Öffnung schließlich „etwas gebückt in unser Haus hineingehen konnte". Zinzendorfs Sohn Christian Renatus machte zur hellen Begeisterung der ledigen Brüder beim Einstieg den Anfang. War hier bereits der gute Geschmack verdorben und alles kindisch geworden?

Die Festfreude griff auf die Kinderanstalten über. Man dekorierte und illuminierte auch hier mit viel Erfindungsreichtum. Nach Beendigung eines solchen Heimfestes gingen die Kinder einzeln still aus dem Festsaal. Leise klangen die Melodien des Orchesters, das unermüdlich weiterspielte, bis hinauf in die Schlafsäle, wo die Kinder sich ganz still „in ihre Bettelein, wohl und vergnügt" legten.

Unter den ledigen Brüdern in Herrnhaag ging das nicht gut aus. Einige von ihnen gerieten in ekstatische Zustände. Die Gefahr einer hysterischen Massensuggestion lag nahe. Freudentänze veranstaltete man nicht, aber man sprang die Treppen auf und ab in verzückter Freude. Die strenge Trennung der Geschlechter in den Chören wurde durch den Versuch, gemeinsame Feste für ledige Brüder und Schwestern zu veranstalten, bedroht. Gefahr war im Verzug. Manches wurde albern.

Zinzendorfs Lieblingsvorstellung, den Umgang mit Christus in dem uralten Bild von Braut und Bräutigam zum Ausdruck zu bringen, führte dahin, daß einer der ledigen Brüder öffentlich davon sprach, daß wir hier „des Heilands Ehe schon haben". Eine Erotisierung der Andachtssprache war für die ganze damalige Zeit auch außerhalb des Brüdertums durchweg zu beobachten. Sie war nicht lasziv, sondern entsprach der ganzen Unbefangenheit des Rokoko der Nacktheit gegenüber. Daß die Entfesselung dieser erotisierten Sprache, die religiöse Inhalte aussprach, die Sexualität mit freigesetzt und sexuelle Verirrungen und Entgleisungen ausgelöst habe, ist nicht nachweisbar.

Die „Tabus", die Dämme der natürlichen und gebotenen feinen Grenzen im mitmenschlichen Zusammensein wurden nicht zerstört. Wohl sprach man von einer „Ehe-Religion". Zinzendorf hat ein gefährliches Experiment gewagt. Er hat das aus alter Tradition stammende Bild vom Bräutigam Christus und der bräutlichen Seele in den Vordergrund gespielt. In die Ehe sah er dieses Braut- und Bräutigamsverhältnis zwischen Christus und der Seele hinein. Der Ehemann wurde zum Stellvertreter des Bräutigams, des Mannes Christus. Wie Geburt und Taufe sollte auch die Zeugung als etwas befreiend Natürliches angesehen werden. Es gehörte für den Aristokraten Zinzendorf in die Intimsphäre, und die zarten Schleier sollten nicht weggezogen werden. Doch meinte der Graf, daß auch dieser Vorgang in jener stillen Sammlung und Weihe vollzogen werden sollte, der in sich etwas von der feinsten Zartheit und Unfaßbarkeit des ewigen Braut- und Bräutigamsverhältnisses numinos widerspiegelt.

Daß hier die romantische Eheauffassung eine noch ganz ins Religiöse eingebettete Vorbereitung erfuhr, ist ohne Zweifel. Eine andere Frage ist die Ehehilfe, die damals den Brautpaaren angeboten wurde. Sie richtig zu beurteilen, ohne in Entrüstung zu geraten, erfordert eine intime Kenntnis damaliger Gebräuche auch außerhalb des Einflußkreises eines Zinzendorf. Davon ist heute kaum mehr etwas bekannt.

Die Eheauffassung und der Ehevollzug haben sich nicht in der Weise durchgesetzt, wie es Zinzendorf vorschwebte. Er gestand dem Geschlechtlichen seine natürliche Würde zu. Dies offen auszusprechen, war ein Fortschritt in der damaligen Zeit. Daß er aber Natur und Religion in der Ehe durch den Gedanken des Braut- und Bräutigamsverhältnisses zwischen Christus und der weiblich aufgefaßten Seele ineinanderschob, machte sein berechtigtes Anliegen wieder fragwürdig. Er hat damals die Herrnhuter überfordert. Er verfremdete die Natur und verkünstelte das Natürliche ins Unnatürliche.

So entstand in der Brüderkirche ein Krisenherd, den Zinzendorf in seiner Gefährlichkeit nicht einmal erkannte. Der Graf, der sich wieder auf Reisen befand, mußte gewarnt werden. Am 17. Dezember 1748 erreichte ihn einer seiner energischsten Mitarbeiter, ein ehemaliger preußischer Offizier, als Zinzendorf im Begriff stand, von Holland nach London überzusetzen. Dieser Herr von Peistel öffnete ihm die Augen. Trotz allen Erschreckens zögerte Zinzendorf, einzugreifen. Er wollte nicht wahr haben, daß es so stand. Dann aber schrieb er seinen Strafbrief nach Herrnhaag. Bei seiner „Ehe-Religion“ blieb er. Doch untersagte er ein für allemal den Gebrauch der Verniedlichungswörter wie „Seitenhöhlchen“. Diese Ausdrücke seien *schon überjährt und zum Gewäsch geworden.* Seinen Sohn Christian Renatus, der als Brüderältester in Herrnhaag versagt hatte, rief er barsch nach London. Der Spuk war beendet.

Wie fest Zinzendorf die Herrnhaager in der Hand hatte, zeigte sich zwei Jahre später. Der neue Büdinger Herr und sein Rat – der alte Graf war gestorben – wollten Zinzendorfs bestimmenden Einfluß auf die blühende Siedlung brechen, der ihm ein Dorn im Auge war. Doch der Graf und die Brüder bildeten eine verschworene Gemeinschaft.

Als alle Verhandlungen nichts fruchteten, befahl der Graf 1750, Herrnhaag zu verlassen. Vergebens bot der neue Büdinger Graf den

Zurückbleibenden wirtschaftliche Vorteile. Wie ein Mann zogen die Herrnhaager ab, die einen nach dem neuen Siedlungsort Neuwied am Rhein, die anderen nach Schlesien oder als Kolonisten nach Amerika. Herrnhaag wurde zu einer toten Stadt, die langsam zerfiel.

Hat nicht der Graf auf der Höhe seines Lebens doch eine große und richtig erkannte Aufgabe vertändelt? Konnte es gut auslaufen, wenn er auf diese genial-bizarre Weise die Bedeutung eines von der Reformation geprägten, freudebringenden Glaubens einer unsicher gewordenen Christenheit vordemonstrieren wollte? Die zahllosen kirchlichen Angriffe und Verdächtigungen des Grafen auf Grund der Herrnhaager Vorgänge zeigten in erschreckendem Ausmaß, daß ein Vertrauenskapital zerstört worden war.

Unberührt davon bleibt, was die Sichtungszeit zeitgeschichtlich als Durchbruch zur Geniezeit und Romantik ausgelöst hat. Über den engen Rahmen des bloß Kirchlich-Schicklichen hinaus erwies sich diese Spanne als Zinzendorfs genialste Zeit. Mit diesen Augen sah sie Goethe. Die Irrwege des Grafen sind damit nicht bagatellisiert, aber auf eine andere Ebene geschoben.

Sechs Jahre in London und Heimkehr nach Deutschland

Nach seiner Rückkehr aus Amerika hatte Zinzendorf das Gefühl, daß er *zum Dirigieren alle Gabe verloren habe. – Die Gemeinen müssen immediale* (unmittelbar) *Herren sein. – Die Gemeinen untereinander sind geistliche Eid-Genossen, ihre Synodi die Tagsatzungen, darauf die Generalsachen ausgemacht werden. In Spezial-Sachen ist jede Gemeine souverän.* Es waren genügend Männer vorhanden, die diese Verantwortung auf sich nehmen konnten. Bei der Aushandlung der Generalkonzessionen für die neuen Gemeinen in Schlesien war der Graf nicht vermißt worden.

In zwei Ländern hat sich Zinzendorf am wohlsten gefühlt. Er reiste gern in die Schweiz, auch dann noch, als man die gräflichen Kutschen bei der Ausfahrt aus Genf einmal mit Steinen beworfen hatte. Dem hitzigen Stadtpöbel von Genf trug er es nicht nach. Die Schweiz war und blieb ein freies Land, in dem er viele Freunde gewann. Auch in Holland hat Zinzendorf sich gern aufgehalten. Hier wehte ebenfalls eine freiheitliche Luft, verglichen mit dem muffigen Deutschland. Doch magisch zog es ihn nach England.

Großbritannien stellte mit seinem sich immer weiter ausdehnenden Kolonialbesitz die Größe der Welt dar und barg in sich eine Fülle von Wirkungsmöglichkeiten. Auch geistig und religiös war England seit der Cromwellschen Revolution zur Freistätte echter Toleranz geworden, die das ganze öffentliche Leben und die Privatsphäre des Engländers durchdrang. Auf Zinzendorf hatten die toleranten Umgangsformen des Briten bereits bei seinem ersten flüchtigen Besuch in London an der Wende zum Jahre 1737 tiefen Eindruck gemacht.

So blieb der Graf vom 1. Januar 1749 mit einjähriger Unterbrechung (Mitte 1750 bis Mitte 1751) bis zum Frühjahr 1755, also über fünf Jahre in London. Er konnte das beruhigt tun, denn mit Kursachsen war er übereingekommen. Das ewig geldhungrige Land hatte gemerkt, daß Zinzendorf über bedeutende Geldmittel verfügte. Der Graf hatte 1747 das großmütterliche Gut Großhennersdorf für 130.000 Taler von Herrn von Burksdorf zurückgekauft. Dem König bot er ein Darlehen von 100.000 Talern an und erpachtete das eben an Kursachsen gefallene Amt und Schloß Barby an der Elbe für ein zweites Darlehen in Höhe von 160.000 Talern. Barby wurde nach dem Rückzug aus der Wetterau der Sitz der brüderischen Akademie. Brüder bewirtschafteten das große Gut. Als dann noch eine Regierungskommission 1748 in Großhennersdorf erschien und die Übereinstimmung der Herrnhuter mit der Augsburger Konfession bestätigte, stand der endgültigen Anerkennung nichts mehr im Wege. Zinzendorf war der Weg nach Kursachsen wieder völlig freigegeben und der Brüderkirche in Sachsen die ungefährdete Existenz gesichert worden. Tatsächlich herrschte seitdem ein ungestörter Friede zwischen Zinzendorf, der Brüdergemeine und der Regierung in Dresden.

Auch in Holland war die Brüderkirche inzwischen fest eingewurzelt. Dies wurde sichtbar in der großzügigen Ausgestaltung der Gemeine, die sich in Zeist bei Utrecht einen Mittelpunkt schaffte. Eine großartige Schloßanlage mit typisch barocker Schloßanfahrt entstand aus dem alten Herrenhausgelände, das man von den Oraniern gekauft hatte. Die Brüdersiedlung selbst wurde in der Art vorgelagerter Kavalierhäuser im Viereck um einen großen Platz vorgebaut. Durch die Mitte des Platzes führte die Auffahrt zum Schloß, links und rechts von drei Baumalleen flankiert.

Hier konnte der Graf jederzeit Hof halten und lebte dann inmitten der holländischen Brüder, wenn er nicht das stillere „Posthaus“ in Heerendijk vorzog.

Auch in London war Zinzendorf erst zufrieden, als er in Chelsea an der Themse ein schlichtes Herrenhaus, Lindseyhouse genannt, erwerben konnte. Bereits am 15. Juni 1750 ließ er durch einen Strohmann dieses Herrenhaus ankaufen und durch den Architekten der Brüdergemeine, Graf August Siegmund von Gersdorf, umgestalten. Wie in Zeist wurde ein Komplex von vielen Häusern geplant. Zinzendorf suchte Raum zur Aufnahme von 400 Adeligen, 300 Studenten und für die häufig anwesenden Synodalen der Brüderkirche zu gewinnen. Ein Bethaus wurde vorgesehen und die Anlage eines Gottesackers beschlossen. Zum Themseufer hin entstand eine weite Terrasse, an der Boote anlegen konnten. Man stieg von dort unmittelbar zum Lindseyhouse empor. Das Herrenhaus wurde großzügig erweitert. Die anderen Pläne realisierten sich nicht mehr.

So schuf auch hier der deutsche Reichsgraf sich den Rahmen, um seine engsten Mitarbeiter um sich scharen und jederzeit viele Gäste aufnehmen zu können. Es war etwas Merkwürdiges eingetreten, seitdem Herrnhuter den Boden Englands betreten hatten. Eine Brüderkirche bildete sich, deren Mitglieder von Anfang an fast nur Engländer waren. Auch hier war es eine Elite, die bei der damals aufbrechenden großen Erweckung des englischen Volkes einen entscheidenden Beitrag leistete.

Hier war der deutsche Protestantismus tatsächlich der gebende Teil. Denn die Vermittler dieses brüderischen Christentums sind zuerst Deutsche gewesen, die nach Sprache, Sitte und Lebensgefühl Fremdlinge unter den Briten waren. Männer aus dem deutschen Adel wie Zinzendorf, aber auch Friedrich von Wattewille, Johannes von Wattewille und seine Frau Benigna, geborene Zinzendorf, Reichsgraf Heinrich XXVIII. von Reuß-Ebersdorf, Friedrich von Marschall, Renatus von Laer, von Lüdecke, selbst Nikolaus von Wattewille wirkten neben deutschen Akademikern wie Spangenberg und Peter Böhler als Erweckungsprediger nicht nur in der Hauptstadt London, sondern auch draußen auf dem Land. Neben ihnen sah man Männer wie Henry Cosart, den Nachfahren einer alten Hugenottenfamilie, David Taylor, der aus dem schlichten Volk kam, und John Cennick, einer der größten Evangelisten des Jahrhunderts, böhmischer Abstammung, aber in England geboren, der die Erweckung als erster nach Irland trug.

Peter Böhler, ein Jenenser Student, der sich zu Zinzendorf geschlagen hatte, bahnte den Weg. Um ihn scharten sich zuerst die Engländer. Vor allem schloß sich ihm John Wesley eng an, der spätere Gründer

John Wesley (1703–1791), Stahlstich 1743.

der weltweiten Methodistenkirche. Später schied sich Wesley von den Brüdern, von denen er viele charakteristische Einrichtungen in seinen eigenen Methodismus übernahm.

Es kam zu harten Auseinandersetzungen zwischen ihm und Zinzendorf in der Frage nach einer sündlosen Vollkommenheit, zu der ein Christ gelangen könne. Wesley kam von diesem Thema nie mehr los, so wenig er eine starre Lehre daraus formulierte. Zinzendorf lehnte diese ganze Fragestellung, wie sie Wesley ausbildete, als unevangelisch ab. Beide haben praktisch aneinander vorbeigeredet. Sie konnten ihre völlig andere eigene kirchliche Vergangenheit nicht abstreifen, und die Verständnismöglichkeiten blieben darum beschränkt. Im Endeffekt hat Zinzendorf recht behalten. Die methodistische Bewegung hat inzwischen – bis auf Splittergruppen – die anfechtbare These einer sündlosen Vollkommenheit, deren zeitbestimmtes Kolorit bei Wesley unverkennbar ist, aufgegeben.

Jedenfalls wäre Wesley das nicht geworden, was er für die ganze

Kirchengeschichte – nicht nur der angelsächsischen Welt – bedeutete, ohne die Begegnung mit Zinzendorf und dem Brüdertum. Was Wesley, der den Grafen heimlich bewunderte, während der wilden Polemik nach der sogenannten „Sichtungszeit“, die nach England übergriff, ungeprüft an Redereien weitergab, ist inzwischen vergessen und zu den Akten gelegt worden.

Diese Verketzerungen hielten einen Parlamentsbeschluß nicht auf, dem am 6. Juni 1749 die königliche Bestätigung nachfolgte. Die Brüderkirche wurde in Großbritannien als selbständige protestantische, bischöflich verfaßte Kirche anerkannt. Man erließ den Brüdern die Eidleistung, befreite sie vom Kriegsdienst und räumte ihnen den ungehinderten Verkehr mit den deutschen Brüdern ein. Das freundschaftliche Verhältnis zur Kirche von England und zu dem Erzbischof von Canterbury, das Zinzendorf erstrebt hatte, war offiziell bekräftigt worden.

In London fand der Graf, der inzwischen der englischen Sprache vollkommen mächtig war, in der Fetter-Lane-Kapelle, die den Brüdern gehörte, ein weites Predigtpublikum. Hier wie in den Brüdergemeinen, die auf dem flachen Lande entstanden, sammelten sich Hunderte von Engländern. In Fulneck, zwischen Leeds und Bradford, entstand eine Hauptniederlassung. Eine großzügig angelegte „Siedlung“ mit Schulen, Gemeinsaal, Chorhäusern und handwerklichen Betrieben wurde aufgebaut. Von diesem ländlichen Zentrum aus wurde eine weite Diasporaarbeit mit zahllosen Predigtplätzen eröffnet.

In diesen Jahren wandelten sich Arbeitsweise und Lebensstil Zinzendorfs sichtlich. Die äußere Leitung der in allen Staaten rechtlich inzwischen gesicherten Brüderkirche überließ er den anderen.

Dieser Drang, sich zurückzuziehen, nahm noch zu, als sein Sohn Christian Renatus von seiner Seite weggerissen wurde. Am 28. Mai 1752 starb dieser im Alter von 25 Jahren an Lungenschwindsucht. Er war ein lauterer Charakter von tiefer, echter Frömmigkeit, begabt wie selten ein anderer zur Stiftung von Freundschaften. Durch und durch musisch veranlagt, vermochte er überall Freude und Heiterkeit zu verbreiten. Er konnte die Menschen froh machen. Es ist niemand in der ganzen Brüderkirche damals so vorbehaltlos geliebt und geehrt worden wie Zinzendorfs Sohn. An dem Vater mußte man sich immer wieder reiben. Er war und blieb genial, aber unberechenbar, seine Grenzen und Fehler traten offen zutage; wie faszinierend er auch wirkte, konnte er verwunden. Man liebte ihn gewiß stürmisch, ja vorbehaltlos um seiner großen Menschlichkeit und seiner völligen Hingabe an seinen Dienst willen. Doch Christian Renatus war der Vertreter der nachrückenden Generation, weicher, gefühlstiefer, in einem Seelentum wurzelnd, das von der aufziehenden Romantik bereits integriert wurde. Er war der „Idealherrnhuter".

Einst war es zu einer harten Auseinandersetzung zwischen Zinzendorf und seinem Sohn gekommen, der in Herrnhaag den Verirrungen nicht Einhalt geboten hatte. Das war vorübergegangen. Was er seinem Vater bedeutete und allein sein konnte, der in ihm den Nachfolger sah, spricht noch heute aus den alten Papieren, die einst seinen unbegreiflichen Heimgang meldeten. „Ach guter Heinrich, die Welt ist mir wirklich zu eng", schrieb die Gräfin ihrem Neffen Heinrich XXVIII. von Reuß. Der Aristokrat Zinzendorf und seine Gattin waren nicht die Menschen, diese tiefe, nie verwundene Wunde nach außen zu zeigen. *In dem Schmerz wird was geboren, wenn man sich in der Stille fein ausweint vor dem Heiland, vor den Leuten aber schweigt ... Inwendig voll Jammer und Angst, auswendig ein fröhlich Angesicht, damit man die anderen nicht erschrecke. Das ist Arbeit ...!*

Nach dem Heimgang seines Sohnes traten bei Zinzendorf die Züge einer tiefen und elementaren Barmherzigkeit und Brüderlichkeit noch deutlicher hervor. Durch den betrügerischen Bankrott eines jüdischen Bankiers geriet die englische Brüderkirche in große Finanznot. Überall, auch in Holland, wurde man ängstlich und forderte von der Brüdergemeine die Rückzahlung geliehener Baugelder.

Hier aber trat Zinzendorf vor und übernahm persönlich die volle Bürgschaft. Er war bereit, sich in den schauerlichen Schuldturm in London werfen zu lassen, aus dem es kaum ein Entrinnen mehr gab. Er stand bedingungslos für die Brüder ein. Diese großartige Haltung beschämte manchen Gläubiger. Unerwartete Geschenke, freiwillig angebotene Bürgschaften vermögender Freunde trafen immer zur rechten Zeit ein. In der Brüderkirche lernte man sparen und opfern. Die Brüder blieben bereit, obwohl das Wasser ihnen bis zum Hals reichte, anderen die helfende Hand zu reichen. Als der edle Menschenfreund General Oglethorpe 1754 in Gefahr geriet, um einer Schuld von £ 2000, die er nicht sofort begleichen konnte, in den Schuldturm zu wandern, war Zinzendorf zur Stelle und bot die pennsylvanischen Besitzungen der Brüder als Sicherheit an. Die Finanzkrise klang langsam ab.

Im Lindseyhouse fand sich im Jahre 1754 die Gräfin mit der vierzehnjährigen Tochter Elisabeth ein. Die Sehnsucht nach dem Grab des einzigen Sohnes hatte sie nach England getrieben. In diesen Jahren war sie sonst die Statthalterin des Grafen auf den Oberlausitzer Besitztümern, dem finanziellen Rückgrat der Brüderkirche. Sie brachte den guten Vorschlag mit, der Graf solle wieder nach Herrnhut zurückkehren. Zu Beginn des Jahres 1755 erfolgte der Aufbruch.

Durch die einundachtzig gedruckt vorliegenden *Londoner Predigten* des Grafen sind wir über seine öffentliche Arbeit auf englischem Boden ganz gut unterrichtet. In die großen geistigen Auseinandersetzungen der englischen Bibelwissenschaft und in die Bibelkritik hat er sich vorbehaltlos eingeschaltet. Er wußte um die Anfälligkeit und Anfechtbarkeit alles historischen Geschehens und seiner Überlieferung. *Wenn man z. B. die Historie nimmt, so ist gewiß, daß aus Hunderten von dem, was gestern geschehen, an dem Ort, wo ich wohne, so vielerlei Unrichtiges geredet wird. Was soll ich mit den Conzepten machen, mit den Historien, die vor 50, 100, 1000 Jahren und mehr geschrieben worden? Wenn an den Dingen meine Seligkeit oder nur ein Stück meiner zeitlichen Glückseligkeit hing, was wäre ich für ein unglücklicher Mensch!*

Für Zinzendorf war Jesus Christus in die Vieldeutigkeir der Geschichte eingegangen. Freimütig konnte er von der beschränkten Sicht der Apostel sprechen und beugte sich zugleich in tiefer Ehrfurcht und radikaler Aufgeschlossenheit vor dem *gewaltigen Buch der Bibel.* Damit stand er auf der Linie Martin Luthers und wirkte so unmittelbar auf die kritischen und zweifelnden Zeitgenossen.

In diesen relativ stilleren Jahren hat Zinzendorf seine zahllosen Veröffentlichungen, die anonym zumeist, später auch unter seinem vollen Namen herausgegangen sind, durchgesehen und den Plan einer Auswahlausgabe seiner wichtigsten Schriften erwogen. Sie ist nur zum kleinsten Teil zustande gekommen. Ihn bedrückte, daß er sich oft zu unbekümmert ausgesprochen hatte. Die Druckfehler und sachlichen Verstümmelungen früherer schneller Drucke störten ihn empfindlich, von den wilden Nachdrucken ganz zu schweigen.

20 000 Druckseiten umfassen allein die veröffentlichten Schriften des Grafen. Zu den Jugendschriften kamen seine Reden in und von Amerika, seine Veröffentlichungen während der Sichtungszeit in der Wetterau und in Holland, seine Schriften aus der Londoner Zeit und den letzten Jahren, die seinen Abgesang darstellen sollten. Zahllos

waren auch die Veröffentlichungen hymnologischen Inhalts, wenn man nur an die Gedichte und Gesangbücher denkt. All dies legt ein eindrucksvolles Zeugnis für die Kühnheit und Weite seines geistigen Schaffens ab. Dazu traten noch verschiedene periodische Veröffentlichungen, Gelegenheitsschriften, die in Sammelbänden nachgedruckt wurden. Hier versuchte er die Verdächtigungen seiner Gegner abzuschütteln.

Seine täglichen Ansprachen, die er in den zwei letzten Lebensjahrzehnten regelmäßig hielt, blieben weithin ungedruckt, obwohl sie im Unterschied zu den Frühschriften wortwörtlich nachgeschrieben worden sind. Wer am geistigen Leben des 18. Jahrhunderts interessiert ist, findet in den gedruckten und ungedruckten Schriften und Reden Zinzendorfs eine Fundgrube, die beweist, daß sein Einfluß den engen Rahmen der Theologiegeschichte überall gesprengt hat.

Nach der Oberlausitz zurückgekehrt, gab Zinzendorf einem Direktorial-Kolleg die Verantwortung für die Brüderkirche ab. Eine Ablösung des Grafen bahnte sich an. Er bereiste, soweit es sein Gesundheitszustand zuließ, noch viele Gemeinen der Brüderkirche. Doch zog er sich zunehmend zurück. In einer Mansardenstube des großen Schwesternhauses in Herrnhut besaß er ein vor Störungen sicheres Versteck, wohin er vom Herrenhaus durch einen Gang ungesehen gelangen konnte. Dieser Zufluchtsort wurde streng geheimgehalten. Zinzendorf war oft erkältet, und seine Stimme reichte nicht mehr für große Räume aus.

Am 19. Juni 1756 starb seine Lebensgefährtin nach langem Siechtum. Den Grafen erreichte die Nachricht während einer Synodaltagung in Berthelsdorf. Er schloß sich in sein Zimmer ein und weinte sich aus. *Ich kann sagen, daß ich in meinem ganzen Sterbensleben das noch nicht erfahren habe, was ich diesmal erfahre und daß es mir bei meinem Christian Renatus, der mir ein großer Mitarbeiter war und dessen Heimgang mir sehr nahe ging, doch nicht so gewesen ist wie bei diesem Vorgang.*

Ich habe ihm die unzähligen Liturgien nicht gehalten, die ich meiner lieben Gräfin schon gehalten habe und halten werde. Das sind aber persönliche Connexionen (Verbindungen). Hier ließ er keinen Fremden hineinschauen.

Gebunden an die Konvention seines Standes, nahm er wie schon bei seinem heimgegangenen Sohn an der Beerdigung nicht teil. Doch ließ er seine „Gräfin“ zuerst im Herrschaftsgarten und erst ein halbes Jahr später auf dem Herrnhuter Gottesacker beisetzen. So hatte er es bei seinem Sohn gehalten, der auch nach sechs Monaten in seine eigentliche Gruft gebettet wurde. Wollte Zinzendorf die geliebten Toten noch näher bei den Lebenden und in seiner Nähe wissen, ehe er sie auf die Felder der Toten entließ?

Fast ein Jahr lang suchte sich Zinzendorf stille Winkel aus, eine abgelegene Stube in Herrnhut, den Katharinenhof in Großhennersdorf, das Schloß in Berthelsdorf, Barby, Ebersdorf, in Niesky, dem schlesischen Gemeineort. Dann beging der einsame Mann wohl die größte Wunderlichkeit seines Lebens. Er vermählte sich in aller Heimlichkeit am 27. Juni 1757 auf dem Berthelsdorfer Schloß mit Anna Nitschmann, die er seit seiner Amerikareise mit ihren engsten Mitarbeiterinnen zu seinem unentbehrlichen Arbeitsstab zählte. Sie hatte mit 14 Jahren das Amt einer Schwesternältestin empfangen, und Zinzendorf mußte das niemals bereuen.

Anna Nitschmann hatte ihn bereits als junges Mädchen angeschwärmt. Auch der Graf sympathisierte offen mit ihr. Er ließ sich von ihrem Vater sogar adoptieren, um ihr als „Schwester“ unbefangen gegenüberzutreten. Die Gräfin war damit einverstanden, denn sie und ihre Töchter verstanden sich gut mit Anna Nitschmann.

Mit ihr ging Zinzendorf eine „Amtsehe“ ein. Die Rücksicht auf die ledigen Mitarbeiterinnen in seiner Umgebung war mitbestimmend

Anna Nitschmann (1715–1760).

gewesen, um kein Gerede aufkommen zu lassen. Er hoffte, noch einen Sohn zu bekommen. Doch blieb diese zweite Ehe mit einer Bürgerlichen kinderlos. Es ist viel über diese zweite Ehe Zinzendorfs gerätselt worden. Ein unbefriedigendes Gefühl bleibt bestehen. Doch sind die Quellen viel zu unergiebig, um zu einem wirklich abschließenden Urteil zu gelangen. Mit Anna und seinem Schwiegersohn Johannes von Wattewille und seinen Töchtern Benigna von Wattewille und Elisabeth sowie einigen Mitarbeitern begab Zinzendorf sich im September 1757 noch einmal auf eine Reise, die nach der Schweiz und den neuen Gemeinort Montmirail führte, dem alten Familiensitz derer von Wattewille.

Die offizielle Bekanntmachung der Amtsehe innerhalb der Brüderkirche erfolgte erst im November 1758. Vielleicht meinte Zinzendorf, daß dann auch bei seinen engsten Mitarbeitern der Widerspruch zu diesem Schritt verstummt sei. Vielleicht hat er nie so klar gewußt, was er an seiner Erdmuthe Dorothea besessen hatte, als jetzt in den Jahren ohne sie. Anna Nitschmann war eigensinnig geworden und körperlich hinfällig in das Jahr 1760 eingetreten. Auch hier wollte der Graf nicht verstehen, daß seine einst rüstige und unermüdliche Mitarbeiterin, die sich auf alle seine Gedanken und Pläne blitzschnell einzustellen vermochte, unfähig wurde, die alte Arbeitslast zu tragen.

Spangenberg hatte einmal dem Grafen entgegnet: „Sie sind eben ein Adler, den keine Landstraße hält, sondern Sie schwingen Ihre Flügel, und so gehts über Berg und Tal, über Land und See. Wer Ihnen nachkommen will, muß wie ein Zaunkönig auf Ihrem Rücken sitzen, sonst verliert er Bahn und Weg." Mit dem gewöhnlichen Maß war der Graf nicht zu messen. Den tiefen Zusammenhang zwischen seiner Größe und seiner Grenze wußte Spangenberg auch: „Er war ein Original und von Gott so gemacht, wie die Männer sein müssen, durch deren Dienst etwas Besonderes nach dem Willen Gottes geschehen soll . . . So paradox es klingt, wenn man sagt, daß große Männer große Fehler haben müssen, so bestätigt es doch die Erfahrung. Und das ist auch gewiß; wer wollte aber dabei stehenbleiben und deswegen das Gute, das Gott durch sie getan, wegwerfen? Der Graf von Zinzendorf war doch ein vortrefflicher Mann."

Zinzendorfs Leben neigte sich im Mai 1760 seinem Ende zu. Seinem Schwiegersohn flüsterte er noch in der letzten Nacht zu: *Mein guter Johannes . . . ich bin fertig, ich bin in den Willen meines Herrn ganz ergeben, und er ist mit mir ganz zufrieden. Will er mich hier nicht länger brauchen, so bin ich ganz fertig, zu ihm zu gehen, denn mir ist nichts mehr im Wege* ... Gegen 10 Uhr morgens am 9. Mai 1760 hauchte dieser „Fürst Gottes" seinen Geist aus.

Johannes von Wattewille zeigte das Hinscheiden der Brüderkirche an: „Diese Krone seines Brüder-Volkes, diesen Zeugen seines Todes und blutigen Verdienstes, diesen Restaurator der Brüderkirche ... diesen Apostel so mancher Nation der Erde, auch unter den Heiden, diesen Stifter der Dörfer des Herrn, diesen Diener der ganzen Christenheit und der Diaspora, dieses treue Herz für eine jede arme und verlegene Seele, diesen Menschenfreund, dem es eine Fürstenlust war, Gutes zu tun, hat unser lieber Herr ... heimgeholt."

Zweiunddreißig Prediger und Diakone einer weltweiten Brüderkirche aus Holland, England, Irland, Nordamerika, Grönland und den deutschen Gemeinen trugen, einander abwechselnd, am 16. Mai den Sarg aus dem Gemeinsaal auf den Gottesacker. Tausende von Angehörige der Brüderkirche und aus der Oberlausitz gaben ihm das letzte Geleit. Neben seine erste Gemahlin wurde er gebettet. Am 21. Mai 1760 starb Anna Nitschmann, der man auf der anderen Seite neben ihm ihr Grab gab.

Alles war an diesem Reichsgrafen aus uraltem und bewährtem Geschlecht unbürgerlich und genial gewesen bis hin in die Sorglosigkeit, wie er geborgt und Geld ausgegeben hat und doch keinem Gläubiger, der nur warten konnte, einen Taler zu wenig zurückgab. Unbürgerlich blieb der Stil seiner ersten und zweiten Ehe. Es ist nicht alles für uns mehr verständlich, was seinem Gewissen möglich erschien.

Ein Genie des Herzens, der große Christuszeuge von denkerischer Unerbittlichkeit und Wahrhaftigkeit, allen großen und echten Fragen seiner Zeit zugetan, hatte sein Leben vollendet.

An Leid und Jammer, an Angst und Gewissensnot hat er mehr gesehen, mitgetragen und selbst durchlitten als ein gewöhnlicher Sterblicher. Er hat mehr und Umfassenderes erstrebt als das, was er gestalten konnte. Neben seinen Erfolgen steht hart das Unerreichte.

Was hat ihn für die kommenden Geschlechter interessant gemacht? Er hat den unaufhebbaren Paradoxien des Lebens und der Glaubenswelt unbeirrt ins Auge geschaut. Er gehörte zu den großen Vorurteilsfreien, die sachlich und gerecht dem zu allen Zeiten erneuerten Versuch gegenüberstanden, einen Ersatz für das Christentum zu finden. Deshalb ging er in der Sichtungszeit die merkwürdigsten Experimente ein, um seine, die andere und bessere Lösung, zu zeigen.

Herrnhut, Gräber der Familie des Grafen Zinzendorf, Gottesacker auf dem Hutberg.

Wer wollte das Menschliche, Allzumenschliche bei ihm beschönigen? Viele hat er abgestoßen, Fromme wie Ungläubige. Zahllose Suchende, Zweifelnde, mit ihrem persönlichen Schicksal Hadernde, auch Nörgler, mit der damaligen Erscheinungsform der Kirchen Unzufriedene und Enttäuschte hat er zum Aufhorchen gebracht. Glaubenden, unpathetischen Helden hat er die Möglichkeit eröffnet, daß ihr Leben in der Hingabe an große Ziele zu einem Ganzen wurde.

Ist er nicht in Welten vorgestoßen, in denen sich die Romantik ansiedelte und die Sturm- und Geniezeit ihre Wurzeln senkte? Viele feine Verbindungslinien sind noch aufzudecken. Die Christenheit hat ihn damals weithin nicht richtig eingeschätzt. Heute bezweifelt sie nicht mehr im Ernst, daß er zu einem der bedeutendsten Wegbereiter der alle Erdteile umspannenden christlichen Weltmission und eines ökumenischen Zeitalters der Kirchen gehört. Es war höchste Zeit gewesen, daß ein nicht Gerufener, aus uraltem, geschichtsgesättigtem Geschlecht, im Protestantismus unkonventionell gedacht, geplant und gehandelt hat, daß er in der Theologie und in der Praxis querfeldein gegangen ist. Doch was bei anderen hoffnungslos auseinanderklaffte, bildete bei ihm eine großartige Einheit.

Zeittafel

1700 26. Mai: Geburt Nikolaus Ludwig von Zinzendorfs in Dresden.
9. Juli: Tod des Vaters, Georg Ludwig von Zinzendorf. Herbst: Übersiedlung nach Großhennersdorf zu den Großeltern von Gersdorf. Am 23. August 1702 starb dort sein Großvater, der Landvogt Nicol Freiherr von Gersdorf.

1710 16. August: Zinzendorf kommt nach Halle auf das Pädagogium Regium.

1716 Zinzendorf reist von Halle zurück nach Großhennersdorf, dann über Gavernitz nach Wittenberg. Ankunft am 27. August, Aufenthalt in Wittenberg bis zum 21. April 1719.

1719 21. April: Abreise von Wittenberg über Frankfurt am Main und Düsseldorf nach Utrecht. 26. Mai – 2. September: Aufenthalt in Utrecht. Dann reist Zinzendorf über Amsterdam, Rotterdam, Antwerpen, Mecheln, Brüssel, Valenciennes und Cambray nach Paris. 27. September – 24. April 1720: Aufenthalt in Paris.

1720 Reise von Paris über Straßburg, Basel, Schaffhausen, Zürich und Nürnberg nach Oberbürg und Castell.

1721 Januar: Reise von Castell nach Großhennersdorf. 22. Oktober: Reise nach Dresden.

1722 19. Mai: Huldigung von Berthelsdorf. 16. August: Verlobung, 7. September: Trauung mit Komtesse Erdmuthe Dorothea von Reuß in Ebersdorf. Ende Dezember: Reise mit seiner Frau nach Großhennersdorf.

1723 April: Reise nach Dresden. Juli: Rückreise nach Berthelsdorf ins neue Herrenhaus. September: Reise nach Prag. 24. September: Begegnung mit Kaiser Karl VI. in Brandeis. Erste schlesische Reise.

1724 Aufenthalt in Dresden, Berthelsdorf und Ebersdorf. 8. August: Geburt von Christian Ernst, seinem ersten Sohn (gestorben am 24. November).

1725 Januar-April: Aufenthalt in Dresden, dann in Berthelsdorf und Ebersdorf. Juli: Reise nach Oberschlesien. November–Dezember: In Dresden. Weihnachten: In Berthelsdorf. 28. Dezember: Geburt der ersten Tochter, Henriette Benigna Justina.

1726 März: Aufenthalt in Dresden. 6. März: Tod der Großmutter Henriette Katharina von Gersdorf. Anfang August: Aufbruch zur zweiten schlesischen Reise über Jägersdorf und Olmütz nach Cremsir. September und Oktober in Dresden. Oktober: Reise nach Ebersdorf.

Beurlaubung vom sächsischen Staatsdienst. Zinzendorf reist nach Berthelsdorf. 15. Juni: Übersiedlung ins neue Herrschaftshaus in Herrnhut. Dritte schlesische Reise. Reise nach Jena, Rudolstadt, Saalfeld, Bayreuth, Coburg und Ebersdorf. 18. Dezember: Wieder in Herrnhut. 19. September: Geburt des Sohnes Christian Renatus (gestorben am 28. Mai 1752 in London).

1729 In Herrnhut. Oktober: Dritte thüringische Reise, 18. September: Geburt des Sohnes Christian Friedrich (gestorben am 30. Oktober).

1730 August: Reise über Dresden, Freiberg, Lichtenstein, Greiz, Rudolstadt, Weimar, Erfurt und Gotha nach Berleburg, Schwarzenau und Marienborn, dann über Frankfurt, Ebersdorf und Herrnhut, wo Zinzendorf am 23. Oktober eintraf. 23. Oktober: Geburt von Theodora Caritas (gestorben 1732).

1731 25. April: Reise nach Kopenhagen über Halle, Wernigerode, Rendsburg. Rückreise am 1. Juli über Wernigerode und Halle nach Herrnhut. Ankunft am 21. Juli.

1732 23. April: Reise über Leipzig, Jena, Saalfeld, Neustadt a. Aisch, Castell, Nürnberg, Bayreuth und Ebersdorf nach Herrnhut. Ankunft am 20. Mai. Besuch in Jena. 11. Dezember: Aufenthalt in Bautzen wegen Verkaufs seiner Güter an Erdmuthe Dorothea. 19. März: Geburt von Johann Ernst (gestorben am 16. Mai).

1733 26. Januar: Reise von Herrnhut über Ebersdorf, Nürnberg, Göppingen nach Tübingen und Stuttgart, dann von Stuttgart über Denkendorf wieder nach Tübingen und über Castell und Ebersdorf zurück nach Herrnhut. Ankunft am 4. Mai. 20. März: Geburt von Christian Ludwig Theodor (gestorben 1736).

1734 17. März: Reise von Herrnhut über Berlin nach Stralsund. Aufenthalt dort vom 29. März bis zum 29. April. Dann zurück nach Herrnhut und am 21. November über Jena, Saalfeld, Ansbach, Bayreuth, Nürnberg und Ellwangen nach

Tübingen. 19. Dezember: Eintritt in den geistlichen Stand. 7. August: Geburt von Anna Theresia (gestorben 1738).

1735 1. Januar: Ankunft in Herrnhut, von Tübingen kommend. 28. April: Reise über Frankfurt an der Oder und Stettin nach Kopenhagen, dann über Malmö zurück nach Herrnhut. November: Reise nach Zürich. Am 31. Dezember wieder in Herrnhut. 6. November: Geburt von Maria Agnes.

1736 Februar: Reise nach Amsterdam. 21. April: In Kassel. Benachrichtigung über seine Verbannung. Zinzendorf reist über Ebersdorf zurück nach Frankfurt am Main. 12. Juni auf der Ronneburg. 27. Juli: Zinzendorf reist von der Ronneburg nach Berlin, trifft dort König Friedrich Wilhelm I. und reist dann über Königsberg nach Riga und Reval, dann zurück nach Frankfurt am Main und wieder nach Holland. Ankunft in Amsterdam am 18. Dezember.

1737 Zinzendorf reist von Amsterdam nach London, bleibt dort vom 20. Januar bis zum 6. März und reist über Holland nach Berlin. 20. Mai: Bischofsweihe. 30. Juni – 3. Dezember: Aufenthalt in Herrnhut. Vorübergehende Aufhebung der Verbannung. Dann Reise über Ronneburg und Frankfurt am Main nach Berlin. Ankunft dort am 25. Dezember. 4. August: Geburt von Johanna Salome (gestorben 1742).

1738 Aufenthalt in Berlin bis 29. April *(Berliner Reden)*. Mai: Reise nach Marienborn. 13.–17. September: Inkognito in Herrnhut. Oktober: Reise über Marienborn und Amsterdam nach St. Thomas. Abreise von Texel am 24. Dezember. Geburt von David am 22. September (gestorben 1742).

1739 Januar–17. Februar: In St. Thomas. 20. April: In Dover. Reise über London und Oxford nach Amsterdam. 2. Juni: In Marienborn. Juli: Reise nach Württemberg. Dezember: Über Heidelberg nach Basel, Bern und Montmirail.

1740 Zurück nach Marienborn am 1. Februar. Juni: Aufenthalt in Gotha (Gothaer Synodus), dann wieder in Marienborn. Geburt von Elisabeth am 25. April.

1741 22. Februar: Reise von Marienborn nach Genf, Montmirail und Basel, am 5. Juni wieder in Marienborn. 7. August: Reise über Utrecht, Amsterdam und Heerendijk nach London. 28. September: An Bord. 29. November: Ankunft in New York. Reise nach Pennsylvania.

1742 Januar – Juli: In Philadelphia. Die sieben Konferenzen. Juli: Erste Reise zu den Indianern. August: Zweite Reise zu den Indianern. Dritte Reise zu den Indianern vom 26. September – 9. November. 31. Dezember: In New York.

1743 9. Januar: Abreise von New York. 17. Februar: Ankunft in Dover. Reise nach London und am 25. März nach Holland. 27. April: In Herrnhaag. 24. Juni: Reise nach Ebersdorf, Halle, Berlin und am 8. August weiter nach Schlesien, dann nach Riga. 23. Dezember – 12. Januar 1744: Gefangengesetzt in der Zitadelle von Riga.

1744 Reise von Riga über Königsberg, Danzig und Berlin nach Schlesien, dann über Herrnhut nach Marienborn. Ankunft am 1. Mai.

1745 Februar: Nach Amsterdam. Ankauf von Zeist. Rückreise nach Marienborn und am 1. Oktober nach Berlin. 29. Oktober – 2. November: Aufenthalt inkognito in Herrnhut, dann Reise über Neudietendorf nach Marienborn zurück.

1746 April: Reise nach Zeist, Amsterdam und Haarlem. Juli – November: In London. Zurück nach Zeist. Aufenthalt in Ebersdorf. Rückkehr nach Marienborn am 23. Dezember.

1747 1. Januar: Übersiedlung von Marienborn nach Herrnhaag. Herbst: In Neudietendorf, Berthelsdorf, Großhennersdorf und in den schlesischen Gemeinen Niesky, Gnadenberg, Neusalz und Gnadenfrei, dann über die Oberlausitz zurück nach Herrnhaag (7. Dezember).

1747 4. März: Zinzendorf reist von Herrnhaag über Neudietendorf, Ebersdorf, Dresden und Herrnhut nach Gnadenburg und Groß-Krausche. 30. Juni–19. August: Großhennersdorf (Kommission). Reise über Ebersdorf nach Herrnhaag und über Holland nach London. Überfahrt am 31. Dezember.

1748 Aufenthalt in London und Reisen durch England.

1749 Aufenthalt in London. 13. Juli: Reise nach Holland und über Zeist, Neuwied und Lindheim nach Marienborn (7. August). Am 14. August in Barby, dann in Leipzig und Dresden. In Herrnhut am 13. Oktober.

1750 Sommer: In Schlesien, Barby und Ebersdorf. 21. Juli: Reise nach der Schweiz, dann über Frankreich nach London. Aufenthalt in Paris vom 15.–18. August; Ankunft in London am 24. August.

1751 In London.

1752 In London. Seit 29. März: Lindseyhouse.

1753 In London. Im Sommer: Besuch englischer Gemeinen.

1754 22. März: Abreise von London und über Zeist, Neuwied, Neudietendorf, Ebersdorf, Kleinwelka und Niesky nach Herrnhut. Ankunft am 2. Juni. Im Herbst in Barby. 8. November: In Berthelsdorf.

1755 Bis Ende August in Berthelsdorf. 19. Juni: Heimgang von Erdmuthe Dorothea von Zinzendorf. Übersiedlung nach Großhennersdorf. Reise nach Barby und Niesky. 21. Dezember: Wieder in Herrnhut.

1756 Reise nach Niesky, Barby und Ebersdorf. 25. März: In Herrnhut. 12. Mai: Reise nach Niesky, Gnadenberg, Gnadenfrei und Neusalz, dann wieder nach Herrnhut. 27. Juni: Verheiratung mit Anna Nitschmann in Berthelsdorf. 6. September: Reise mit seiner Frau nach der Schweiz über Marienborn, Basel, Montmirail, Genf und Lausanne, dann über Zürich zurück nach Ebersdorf (9. Dezember).

1757 Reise von Ebersdorf nach Kleinwelka, Herrnhut, Neusalz, Barby und im August nach Zeist und Heerendijk. 22. August – 11. Juli 1759: Aufenthalt in Heerendijk.

1758 11. Juli: Reise von Heerendijk nach Zeist, am 14. November von Zeist nach Barby und Kleinwelka. 24. Dezember: Ankunft in Herrnhut.

1760 Bis zum Tod am 9. Mai: In Herrnhut.

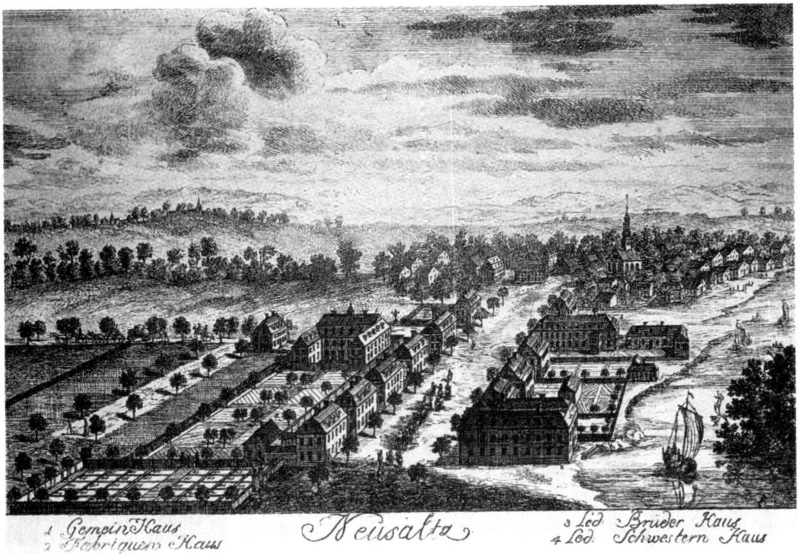

Neusalz an der Oder, Kupferstich um 1755.

Der Weg in die Zukunft

Die Brüdergemeine entwickelte sich nach Zinzendorfs Heimgang stetig. Nach den ersten Ansätzen unter dem Grafen wurde die Verfassung der Brüderkirche bis 1775 auf 3 Synoden gestaltet und blieb in ihren Grundsätzen bis heute die Richtschnur.

Die Brüderkirche entwickelte sich zu einer Vereinigung von Gemeinen, die sich in ihren Ländern als Provinzen unter einer einheitlichen Leitung zusammengefunden haben. So trägt sie einen übernationalen Charakter mit ihren selbständigen Provinzen. Neben der kontinentaleuropäischen, der englischen, der nördlichen und südlichen amerikanischen Provinz in Nordamerika sind die Provinzen auf den mittelamerikanischen Inseln, in Südamerika, in Afrika und in Indien hinzugekommen, die aus den Missionsgemeinen hervorgegangen sind.

Eine Sonderart der Brüdergemeine blieb jedenfalls in Deutschland bis tief ins 19. Jahrhundert erhalten. Es war die Praxis, bei wichtigen

Entscheidungen das Los zu befragen. Dieser Brauch ist oft mißverstanden worden.

Man glaubte fröhlich an eine unmittelbare Führung des Heilandes durch das Los. Zinzendorf übte diese Lospraxis wie alles in seinem Leben auf seine oft sprunghafte Weise fern aller Mechanisierung. Seine Unbekümmertheit – es ging auch hier gern querfeldein – ist später oft in den Brüdergemeinen nicht recht bedacht worden. So wuchs im 19. Jahrhundert der Widerstand. Als man die Lospraxis in der Brüder-Unität abschaffte – die amerikanischen Brüdergemeinen waren ihr längst gram geworden –, war es, als ob eine Last von ihr gewichen war.

Die Geschlossenheit ihrer „Dörfer des Heilandes", in der nur Herrnhutern das Wohnrecht eingeräumt wurde, ließ sich bei der aufkommenden Freizügigkeit im 19. Jahrhundert nicht mehr aufrecht – erhalten. Fremde konnten in die Ortschaften einziehen. Der Gottesacker der Herrnhuter, auf dem in langen Reihen unter gleichen schlichten Steinplatten die heimgegangenen Brüder und Schwestern in weißen Särgen gebettet wurden, blieb dann der Gemeine allein vorbehalten. Allgemeine Friedhöfe fügten sich getrennt an, die den anderen Ortseinwohnern zur Verfügung standen.

Viele jüngere Gemeinglieder wanderten aus den ehemals geschlossenen Ortsgemeinen in die Städte ab. Sie wurden schließlich als reine Personalgemeinen neu verbunden. Ein weiter Freundeskreis unterstützte die sich weitenden Aufgaben der Brüderkirche besonders auf den Missionsfeldern auf vielfache Weise. Ein Bindeglied zwischen der weit verstreuten Schar der brüderischen Gemeinen wie ihrer in vielen Ländern bestehenden Freundeskreise, die man nie organisatorisch festlegte, wurde das von Zinzendorf eingeführte Losungsbüchlein, das jedes Jahr neu erscheint. Für jeden Tag enthält es einen alttestamentlichen Losungsspruch, zu dem ein entsprechendes neutestamentliches Wort gestellt wird. Dieses alttestamentliche Wort wird in einer feierlichen Sitzung in Herrnhut aus einer Fülle von Bibelstellen wirklich ausgelost. Das Losungsbüchlein wird in vielen Sprachen gedruckt.

Nach dem ersten Weltkrieg zerrann in der Inflation viel Stiftungsvermögen der Brüdergemeine, das sich in zwei Jahrhunderten angesammelt hatte. Die Brüderkirche wurde arm. Nach 1933 zerschlug der Nationalsozialismus das große Erziehungswerk auf dem europäischen Festland bis auf einen Rest. Auch die eigene theologische

Ausbildungsstätte mußte aufgegeben werden. Nach 1946 konnten jedoch wieder 7 Heimschulen in Westdeutschland aufgebaut werden.

Nach 1945 entstanden durch die politische Spaltung Deutschlands zwei verschiedene Distrikte der europäisch-festländischen Brüderunität, einer mit dem Sitz in Herrnhut wie bisher, einer mit dem Sitz in Bad Boll. In der Bundesrepublik waren die Gemeinen in Königsfeld, Berlin, Neuwied, Bad Boll und Neugnadenfeld im Emsmoor zusammengeschlossen. Die Glieder der ehemals schlesischen Gemeinen haben sich teilweise in Neugnadenfeld, 1946 gegründet, zusammengefunden, teils haben sich neue Personalgemeinen mit einem festen Sitz in einer bestimmten zentral gelegenen Großstadt unter einem eigenen brüderischen Pfarramt zusammen verbunden. 1992 vereinigten sich beide Distrikte wieder. Derzeit hat die Direktion drei Sitze: in Herrnhut, Bad Boll und Zeist (bei Utrecht) in den Niederlanden. Die einzelnen Missionsfelder sind in ihrer Verantwortlichkeit auf die verschiedenen Provinzen aufgeteilt. Ein weiter Freundeskreis, der in vielen Kirchen besteht, stützt die zahlreichen Werke dieser kleinen Kirche der Brüder, die klein bleiben will, heute jedoch weltweit zusammen gegen 620 000 Glieder umfaßt.

Ausgelöscht schienen die früheren Brüdergemeinschaften in Estland und Lettland. Seit den 90er Jahren haben sie sich neu zu formieren begonnen.

Losungsbüchlein 1731, erster gedruckter Jahrgang.

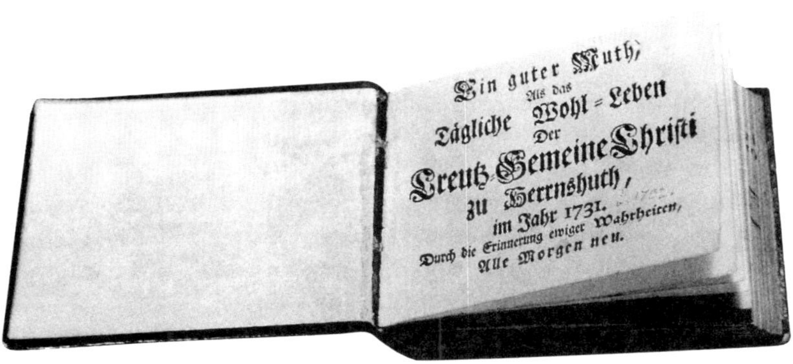

Worte Zinzendorfs

Wir haben gestern gehört, daß die Reichen schwerlich ins Reich Gottes kommen können, und da könnten wir wohl auf den Gedanken kommen, als wenn es dem Heilande sehr zuwider wäre, wenn die Leute viel hätten. Das ist's aber nicht, sondern das Herz dran hängen, das ist dem Heiland so ein Dorn im Auge. Daß seine Kinder viel haben, richtet sich nach dem, daß sie viel tun oder geben sollen. Wer vom Heiland dazu bestimmt ist, daß er geben soll, der muß viel haben. Das alles nimmt nicht er, sondern die, für die er Austeiler und Haushalter ist.

So wenig ein Mensch dem anderen ganz ähnlich sieht, so wenig haben verschiedene Leute einerlei Art zu denken. Und wenn fünfzig Leute denselben Vortrag anhören, so profitieren sie auf fünfzigerlei Art davon, einer mehr, der andere weniger, der von der, der andere von einer anderen Ecke, je nachdem die Sache in das Licht gesetzt ist, das seinen Augen gemäß ist.

Man richtet sich nach den Menschen, mit denen man zusammengebracht ist und die man nicht alle nach sich messen und denken kann: Wenn mir's ansteht, stehs andern auch an. Das hat der Heiland nicht gewollt, und die Apostel haben gesagt: Einer soll des andern Last tragen. Daher können wir die Leute nicht nach unseren Ideen richten und messen, sondern wenn wir mit ihnen zu tun haben, so müssen wir sie tragen und uns nach ihren Gedanken richten und das mit Recht.

Die freie ungezwungene Art, daß ein jeder ist, wie er ist, hab' ich gern. Bei einem ist sie größer, bei dem andern besser ausgearbeitet und manierlicher. Das tut nichts zur Sache. Wenn nur ein jeder so handelt, daß er in seinem Herzen keine Erinnerung über etwas kriegt, die er negligiert (vernachlässigt).

Ich bin lebenslang gern mit Irrenden umgegangen, weil ich sehe, daß man eine bestialische Methode hat, sie zu bekehren. Mir aber hat der Heiland meine Methode an vielen gesegnet, daß sie die Wahrheit angenommen.

Die Wilden selbst können sich nicht vertragen über ihre Freiheit, wenn nicht eine Art von Ordnung, die ihnen gemäß ist, unter ihnen wäre. Ordnung und Willkürherrschaft gehören nicht zusammen, sondern Ordnung ist die Seele der Freiheit, sie setzt die Freiheit in ihr Licht, in ihre Klarheit und Seligkeit und erhält sie darinnen.

Es liegt schon in einer jeden Seele, wie sie sein soll, und sie mag nicht anders sein. Sie ist schon als Geschöpf dazu veranlagt, und man soll nicht künsteln, was anderes herauszubringen, denn dadurch macht man schiefe Leute.

Zinzendorfs Gedanken über Erziehungsfragen

Die Kinder werden in Herrnhut nicht aufs äußerliche Gutsein und Schöntun geführt, noch durch gesetzlichen Zwang in Furcht und ängstliche Bewegung gebracht, sondern mit Liebe und Evangelium geleitet, daher manches übersehen und getragen wird ohne Strafe, was anderswo nicht geschieht.

Alles kindliche Spiel hat etwas Reizendes für einen. Man redet spielend, man denkt spielend, man lernt spielend, und alles, was man auch Ernstes tut, tut man mit Anmut, mit Leichtigkeit, mit Vergnügen und Munterkeit und doch mit mehr Geschicklichkeit, Kraft und Erfolg, als von Natur da wäre, weil Lust und Liebe zu einem Ding alles leicht macht.

Bei Kindern ist das eine Generalregel: Wenn sie wahrhaftig in ihrer kindlichen Einfalt stehen, so soll man weder über viele Dinge bestrafen noch viel erinnern oder ihnen viel verbieten, sondern so lange sie so bleiben, sie gehen lassen und den Gang der Gnade in den kleinen Herzen ansehen und das dabei lernen.

Ein rechter Erzieher ist ein Bruder, der die Kindersache beständig im Gemüt hat. Er versetzt sich so ganz in den Geist der Kinder, lernt denken wie sie und geht so mit ihnen um, daß, wenn nach vielen Jahren eines von ihnen ein Mörder geworden wäre und ihn einmal von ungefähr auf der Straße anträfe, es sich der alten Liebe in seinem Herzen gegen ihn nicht erwehren könne.

Ich bin vom 12. bis ins 19. Jahr ein solcher Bengel mitunter gewesen, dergleichen unter euch keiner ist, was den Verstand und die Conduite (das Benehmen) betrifft, denn vom Herzen kann ich das eben nicht sagen ... Wenn ihr einen ungezogenen und albernen Jüngling und Knaben seht, der nicht weiß, was er will, so dürft ihr nur denken, der ist so wie ich einmal war ... Hernach ist's mit einer Rapidität und Postschnelle wieder ins Gleis gekommen, so daß ich vom 19. Jahr an nichts anderes gedacht und gehandelt habe als jetzt.

Weihnachten in Gnadenfrei 1870

Unter festlichen Posaunenklängen schritten wir 30 Jungen (von der Knabenanstalt), geführt von unserem pelzvermummten Knecht Rupprecht vom Brüderhaus zum Kirchensaale. Pelzmäntel und Schneeflocken, Weihnachtsklänge und schweigend ruhende Winternacht. War das nicht schon dazu angetan, Weihnachtserwartung und Freude wachzurufen! Aber alles Erwarten und Hoffen blieb weit hinter der Wirklichkeit zurück. Fast prallte ich (ein zehnjähriger Bub) zurück vor dem blendenden Glanz von Licht, der uns beim Eintritt übergoß. Wie in ein Lichtermeer fühlte ich mich eingetaucht, und das kindliche Gemüt wurde emporgerissen in einen Himmel voller Seligkeit. Rings um den ganzen, in hellstem Weiß leuchtenden Saal, zogen sich strahlende Bänder von Hunderten, dicht nebeneinander stehenden Kerzen. Ich habe nie in meinem Leben einen sinnigeren und das Gemüt bestrickenderen Ausdruck der Weihnachtsfreude gefunden. „Du allein, Jesulein, bist, was tausend Sonnen sein." Wie leicht ging die jauchzende Empfindung dieses Weihnachtsliedes unter diesem Strahlenschein der Christnachtlieder dem Kinderherzen ein! Und als vollends die Orgel in jubilierenden Akkorden eingesetzt hatte, als ich die tief empfundenen Brüderverse mit ihren anbetenden, das Weihnachtswunder preisenden Klängen mitsang, und der Kirchenchor mit Instrumentalbegleitung respondierte, und als endlich der ehrwürdige Prediger Wunderlich in seinem modulationsfähigen Bariton, mit dem er jeder Silbe eine nuancierte Wendung zu geben verstand, das altehrwürdige Weihnachtsevangelium las, da fühlte ich mein Herz so voller Weihnachtswonne, wie noch nie in meinem zehnjährigen Leben. Man sollte meinen, daß solche erste Herzensempfindung keiner Steigerung mehr fähig wäre. Und dennoch war noch eine Überraschung vorbehalten, die eine völlige sein sollte. Es war mir nicht aufgefallen, daß unser pelzvermummter Lehrer aufgestanden war. Mit Hingebung sang ich „Morgenstern aus finstrer Nacht, der die Welt voll Freude macht, Jesulein, komm herein, leucht in meines Herzens Schrein. Deines Glanzes Herrlichkeit übertrifft die Sonne weit, Du allein, Jesulein, bist, was tausend Sonnen sein." Als die dritte Strophe begann: „Ei, du wahres Seelenlicht, komm herein und säume nicht . . ." ging die Tür wie von unsichtbarer Hand auf, und ein das Auge blendender Lichterglanz flutete herein. Unser Lehrer trug in der Hand ein Brett mit brennenden Kerzen vollgesteckt und schritt damit unsere Front, die wir auf der ersten Reihe saßen, ab und gab nun die Reihe zurückschreitend aus seiner Lichterfülle jedem eine brennende Kerze in die Hand. Dasselbe geschah zu gleicher Zeit auf der Schwesternseite für die Mädchenanstalt. Die beiden Lichterquellen bewegten sich also aufeinander zu. Der Eindruck dieser Lichterfülle war überwältigend. So sangen wir Kinder, ein jeder mit einer Kerze versehen, den Festpsalm zu Ende.

Es ist kein Wunder, daß ich mich in der Gnadenfreier „Anstalt" sehr wohl fühlte.

Max Meyer: „Berufen zur Verkündigung",
herausgegeben von Gerhard Meyer

Zeugnisse

Ludwig Carl Freiherr von Schrautenbach

Der Graf von Zinzendorf war nicht ein Mann ohne Fehler. – Heiteren Blick in die Wahrheit und große Treue für sie werden ihm alle eingestehen, die ihn gekannt haben. – Das Feuer seines Genies und seine glänzende Einbildungskraft führten ihn zuweilen weit. – Da er aber unter Menschen handelte, die sich selbst kannten und in derselben Sache lebten mit ihm, so verstanden sie auch ihn. Nie ist ein Mensch allgemeiner wohl geliebt worden und nie war jemand öfter der Gegenstand der Zergliederung nach allen Teilen seines Charakters, sein überwiegender Wert machte ihn ihnen jedesmal aber schätzbarer. – Sein schaffendes Genie, seine Beobachtung, sein weitsehender Blick zeigten ihm die Gegenstände meistens nur in einer unerwarteten Seite. – Im Umgang war der Graf munter, verbindlich und ungemein unterhaltend, ein Liebhaber der Freude und des unschuldigen Scherzes, auch wenn er der Gegenstand der Laune war. Niemand aber wurde mit ihm familiär. Der Umgang mit ihm war der mit einem großen Herrn, den man so vollkommen lieben könnte als verehren; Gefühl der Gegenwart eines Mannes aus einer höheren Ordnung.

Schrautenbach, Der Graf von Zinzendorf und die Brüdergemeine seiner Zeit. 1782

Johann Kaspar Lavater

Ich verehre Spangenberg . . . aber lassen Sie mich es gestehen, – ich finde in Zinzendorfs verrufensten Schriften mehr originellen Geist, mehr echte Salbung (das heißt, tief intuitive Empfindung und Energie), mehr unmittelbaren Sinn für Christus, mehr Connexion mit ihm, daß ich mich seines eigenen Ausdrucks bediene. Wie sich ein topographisches Landschaftsstück, wo zwar alles korrekter und genauer ist, von einer untopographischen Gessnerschen Zeichnung oder Waterlooschen Skizze unterscheidet, so scheint es mir . . . unterscheiden sich Zinzendorfs Rektifizierer von ihm. Sie machen seine Denkensart plausibler, schleifen die scharfen Ecken ab und assimilieren den originellen Mann dadurch dem unoriginellen Geschmacke des Zeitalters. Ach, lieber Gott! wer er sei, Philosoph, Menschenkenner, Mensch, Christ, Denker, Prüfer liest nicht lieber den saft- und kraftvollen Luther-Zinzendorf, als den viel klügeren, geschmackvolleren Zwingli . . . Ich weiß wenige Schriften, die mich . . . mehr interessieren und erbauen – das will ich vor aller Welt sagen – als Zinzendorfs Schriften. Sie veranlassen immer Sehnsüchte, Gedanken, Gefühle, die durch keine menschliche Lektüre in dem Innersten meines Herzens erweckt werden . . .

Antworten auf wichtige und würdige Fragen und Briefe weiser und guter Menschen. Eine Monatsschrift. 1790

Johann Gottfried von Herder

Nikolaus Ludwig, Graf und Herr von Zinzendorf, Pottendorf u. f. geboren 1700, ging im Jahr 1760 als ein Eroberer aus der Welt, desgleichen es wenige, und im verflossenen Jahrhundert keinen wie ihn gegeben. Er konnte sich rühmen, daß er „in Herrnhut und Herrnhaag, Herrendick und Pilgerruh, Ebersdorf, Jena, Amsterdam, Rotterdam, London, Oxford, Berlin, in Grönland, St. Cruz, St. Thomas, St. Jean, Barbesien, Palästina, Surinam, Savannah in Georgien, Carolina, Pennsylvanien, Guinea, Lievland, Estland, Litauen, Rußland, am weißen Meer, in Lappland, Norwegen, in der Schweiz, auf der Insel Man, in Aethiopien, Persien, bei den Boten der Heiden zu Land und See", Gemeinen oder Anhänger habe ...

Solche Wirkungen hervorzubringen wurden Kräfte erfordert; entschieden weckte diese im Grafen Zinzendorf einen unablässiger Eifer, wie ers nannte, für seines Heilands Sache, von Kindheit und Jugend auf. Nichts konnte ihn abwendig machen ... Widerspruch machte ihn behutsamer, aber auch fröhlicher und kühner. Die unglaubliche Leichtigkeit, mit der er sein Werk trieb, tausenderlei gefällige Eingänge, die ihm dabei zu Gebote standen, eine Kühnheit mit Klugheit und Vorsicht, eine Heiterkeit, bei der er die Gegenwart des Geistes nie verlor ... vor allem aber Lust und Liebe zu seinem Werk, charakterisierten ihn in Handlungen und Schriften, in Predigten und Liedern ...

Nicht leicht läßt sich eine biegsamere Anstelligkeit denken, als dem Grafen zuteil wurde. Ob er gleich, sobald er den geistlichen Beruf wählte, seinen Stand und dessen Vorzüge aufgegeben, so wußte er diese doch in jeder kleinen und großen Beziehung so unübertreffbar zu nutzen, daß man unschuldiger Weise sagen konnte, er spielte wie mit seinem angeborenen, so auch mit seinem angenommenen Stande ...

Hat nicht aber der Herrnhutianismus auch im Luthertum manche Härten gebrochen? manche Pedanterien zerstört ...

Wer mag auch den hingeworfensten Liedern des Grafen eine Biegsamkeit der Sprache, einen Reichtum an kühnen Wendungen und Herzensausdrücken absprechen, der oft überrascht, oft betäubt. Und in den erles'neren Gesängen, zumal wenn sie die Gemeine und ihre entfernten Brüder betreffen, hier welche stille Ruhe! dort welche zarte Innigkeit und Demut!

Adrastea. Herausgegeben von J. G. von Herder. 4. Band. 1802

Johann Wolfgang von Goethe

Seit meiner Annäherung an die Brüdergemeine hatte meine Neigung zu dieser Gesellschaft, die sich unter der Siegesfahne Christi versammelte, immer zugenommen. Jede positive Religion hat ihren größten Reiz, wenn sie im Werden begriffen ist; deswegen ist es so angenehm, sich in die Zeiten der Apostel zu denken, wo sich alles noch frisch und unmittelbar geistig darstellt; und die Brüdergemeine hatte hierin etwas Magisches; daß sie jenen ersten Zustand fortzusetzen, ja zu verewigen schien. Sie knüpfte ihren Ursprung an die frühesten Zeiten an, sie war niemals fertig geworden, sie hatte sich nur in unbemerkten Ranken durch die Welt hindurchgewunden; nun schlug ein einzelnes Auge, unter dem Schutze eines frommen, vorzüglichen Mannes, Wurzel, um sich abermals aus unmerklichen, zufällig scheinenden Anfängen weit über die Welt auszubreiten . . . Die trefflichen Männer, die ich auf dem Synodus zu Marienborn . . . kennen lernte, hatten meine ganze Verehrung gewonnen, und es wäre nur auf sie angekommen, mich zu dem Ihrigen zu machen.

Goethe, Aus meinem Leben. Dichtung und Wahrheit. Dritter Teil. Fünfzehntes Buch. 1814

Paul Wernle

In Zinzendorf lebte das Religiöse mit der Macht des Außerordentlichen, und es ging eine hinreißende Kraft von seiner persönlichen Begegnung aus. In einer Zeit reinlicher Distanz der Stände und des steifen Komments für allen persönlichen Verkehr durchbrach dieser Graf mit der Unmittelbarkeit, Herzlichkeit und Vertraulichkeit seines Wesens gleich bei der ersten Begegnung alle Schranken und Konventionen, drang jedesmal zur lebendigen naturellen Menschenseele hindurch und wußte sie für den Heiland zu entflammen. Er war darin einzigartig im ganzen Jahrhundert; beinahe nur Lavater erinnert in späterer Zeit an ihn. Darin lag ein Zauber, dem sich auch Weltkinder nicht leicht entzogen, und wenigstens ein kleines Teilchen davon ging auf den einen und andern seiner Sendboten über. Er verkörperte die Liebe und die Fröhlichkeit, von der er Zeugnis ablegte, in seinem ganzen Wesen und Wandel; die Seligkeit, die von ihm ausstrahlte, gab aller Welt Kunde davon, daß Jünger Jesu zu sein eine Freude ist.

Wernle, Der schweizerische Protestantismus im 18. Jahrhundert. 1923

Hans Preuß

Der Graf gehört . . . zu den genialsten Figuren der Kirchengeschichte. In seinen 10000 Reden ist eine Fülle von Gedanken und Einfällen verschwenderisch ausgestreut, und wieviel Großes ist bleibende Tat geworden! Was ihn aber so liebenswert macht, ist, daß er alles Finstre im Pietismus abgelehnt hat. „Ich deklariere Ihnen hautement [mit Nachdruck], daß ich den Bußkampf, da sich ein Mensch durch selbstgemachte Angst zur Vergebung der Sünden präpariert, für ein dummes, dabei aber doch seelengefährliches Wesen halte." Das stellt ihn hart an Luthers Seite.

Preuß, Von den Katakomben bis zu den Zeichen der Zeit. Der Weg der Kirche durch zwei Jahrtausende. 1936

Schleiermacher an seine Schwester

Wie viel Schönes steht nicht in Deinem Briefe von all den lieben Menschen, die ich dort kenne! Diese schlesischen Gestirne tragen nicht wenig bei, mir meinen hiesigen Himmel zu erheitern und des Abends im Freien, wenn der Mensch bestimmt ist, in ferne Welten zu schauen, sah ich gar oft nicht weiter als nach Gnadenfrei, und was daran liegt, nicht ohne Wünsche, denen ich gar oft die Flügel beschneiden muß. Durch das Teleskop, womit Du meine Sternwarte ausrüstest und unterhältst, mache ich immer neue Entdeckungen in jenen lieblichen Sternbildern, neue Vollkommenheiten gehen mir oft auf, wie ungesehene Nebelflecken mir bisweilen vor das Rohr treten, und Stunden ausgezeichneter Glückseligkeit nehme ich wahr, wie der Beobachter das wachsende Licht mancher Sterne sieht.

Den 24sten August 1797

Schleiermacher an Georg Reimer

Ich befinde mich hier sehr wohl bei einer zärtlich geliebten Schwester, in einer herrlichen Gegend, unter den wunderbaren Eindrücken einer früheren Lebenszeit. Es gibt keinen Ort, der so wie dieser die lebendige Erinnerung an den ganzen Weg meines Geistes begünstigte, von dem ersten Erwachen des besseren an, bis auf den Punkt, wo ich jetzt stehe. Hier ging mir zuerst das Bewußtsein auf von dem Verhältnis des Menschen zu einer höheren Welt, freilich in einer kleinen Gestalt, wie man auch sagt, daß auch Geister oft als Kinder und Zwerge erscheinen, aber es sind doch Geister, und für das Wesentliche ist es einerlei. Hier entwickelte sich zuerst die mystische Anlage, die mir so wesentlich ist und mich unter allen Stürmen des Skeptizismus gerettet und erhalten hat. Damals keimte sie auf, jetzt ist sie ausgebildet und ich kann sagen, daß ich nach allem wieder ein Herrnhuter geworden bin, nur von einer höheren Ordnung.

Gnadenfrei, den 30. April 1802

Bibliographie (in Auswahl)

1. Werkausgaben

Hauptschriften in sechs Bänden, hg. von ERICH BEYREUTHER und GERHARD MEYER. 6 Bde. Hildesheim (Olms) 1962–1963
14 Erg.-Bde. 1964 ff

Materialien und Dokumente:
Reihe 1: Quellen und Darstellungen zur Geschichte der böhmischen Brüder-Unität, 5 Bde. und 2 Erg.-Bde. 1970ff
Reihe 2: Nikolaus Ludwig Graf von Zinzendorf Leben und Werk in Quellen und Darstellungen, bisher 27 Bde. 1971ff
Reihe 3: Zeitschrift für Brüdergeschichte 1907–1920, 4 Bde. 1973
Reihe 4: Gesangbücher der Brüdergemeine und hymnologische Untersuchungen, 11 Bde. 1977ff

Geistliche Gedichte des Grafen von Zinzendorf, gesammelt und gesichtet von ALBERT KNAPP. Stuttgart, Tübingen (Cotta) 1845. 368 S.

Unveröffentlichte Reden und andere unedierte Texte Zinzendorfs befinden sich in handschriftlicher Überlieferung im Archiv der Brüder-Unität, Herrnhut/Oberlausitz. (Besonders wichtig: Jüngerhausdiarium, 1747–1760.)

2. Forschungsberichte und Bibliographien

SCHMIDT, MARTIN: Das Bild Zinzendorfs in der neueren Forschung. In: Evangelisch-lutherische Kirchenzeitung 7 (1953), S. 340–343; 365–369

KANTZENBACH, FRIEDRICH WILHELM: Das Bild des Grafen. Ein Literaturbericht zur Zinzendorf-Forschung. In: Lutherische Monatshefte 1 (1962), S. 384–391

Bibliographisches Handbuch zur Zinzendorf-Forschung, hg. von DIETRICH MEYER, Düsseldorf 1987.

In „Unitas Fratrum. Zeitschrift für Geschichte und Gegenwartsfragen der Brüdergemeine“ findet sich einmal im Jahr eine fortlaufende Bibliographie der Neuerscheinungen über die Brüdergemeine.

3. *Biographisches zu Zinzendorf, seiner Frau Erdmuthe Dorothea, anderen Herrnhutern und der Brüdergemeine allgemein*

SPANGENBERG, AUGUST GOTTLIEB: Leben des Herrn Nicolaus Ludwig Grafen und Herrn von Zinzendorf und Pottendorf. 8 Teile. 3 Bde. Barby 1772–1775. XX, 2258, CIV S.

VERBEEK, JACOB WILHELM: Des Grafen Nicolaus Ludwig von Zinzendorf Leben und Charakter, in kurz gefaßter Darstellung nach A. G. Spangenberg's Biographie desselben und Quellen aus dem Archiv der evangelischen Brüder-Unität bearb. Gnadau 1845

VARNHAGEN VON ENSE, KARL AUGUST: Leben des Grafen Ludwig von Zinzendorf. 2. verm. und verb. Aufl. Berlin 1846. X, 445 S. (Varnhagen von Ense, Biographische Denkmale. 5)

SCHRAUTENBACH, LUDWIG CARL FRH. VON: Der Graf von Zinzendorf und die Brüdergemeine seiner Zeit, (1782). Hg. von F. W. KÖLBING. Gnadau 1851. 532 S.– 2. Aufl. 1871. 404 S.

NATZMER, GNEOMAR ERNST VON: Zinzendorf. In: Natzmer, Lebensbilder aus dem Jahrhundert nach dem großen deutschen Kriege. Gotha 1892. S. 297–408

NATZMER GNEOMAR ERNST VON: Die Jugend Zinzendorfs im Lichte ganz neuer Quellen. Eisenach 1894. 264 S.

RÖMER, HERMANN: Nicolaus Ludwig Graf von Zinzendorf. Sein Leben und Wirken. Gnadau 1900. 193 S.

REICHEL, GERHARD: Der „Senfkornorden" Zinzendorfs. Ein Beitrag zur Kenntnis seiner Jugendentwicklung und seines Charakters. Teil 1. Bis zu Zinzendorfs Austritt aus dem Pädagogium in Halle 1716. Leipzig 1914. IV, 228 S. (Berichte des theologischen Seminars der Brüdergemeine in Gnadenfeld. 9)

JANNASCH, WILHELM: Erdmuthe Dorothea Gräfin von Zinzendorf, geborene Gräfin Reuß zu Plauen. Ihr Leben als Beitrag zur Geschichte des Pietismus und der Brüdergemeine dargestellt. Herrnhut 1915. V, 507 S. (Zeitschrift für Brüdergeschichte, 8)

REICHEL, GERHARD: Die Anfänge Herrnhuts. Ein Buch vom Werden der Brüdergemeine. Herrnhut 1922. 240 S.

ERBE, HANS-WALTHER: Zinzendorf und der fromme hohe Adel seiner Zeit. Leipzig 1928. 262 S.

RENKEWITZ, HEINZ: Zinzendorf. Herrnhut 1935. 103 S., Abb. – 2. erg. Aufl. 1939. 122 S. – Neuaufl. Hamburg 1948. 128 S.

WEINLICK, JOHN RUDOLF: Count Zinzendorf. Nashville 1956. 240 S.

BEYREUTHER, ERICH: Zinzendorf. 3 Bde. Marburg 1957–1961. 238; 302; 316 S., Taf. [Bd. 1: Der junge Zinzendorf. – Bd. 2: Zinzendorf und die sich allhier beisammen finden. – Bd. 3: Zinzendorf und die Christenheit.] Neudruck: ders., Die große Zinzendorf-Trilogie. Marburg 1988.

Zinzendorf und die Herrnhuter Brüder. Quellen zur Geschichte der Brüder-Unität von 1722–1760. Hg. von Hans-Christoph Hahn und Hellmut Reichel. Hamburg 1977. 520 S.

BALKE, K. und FRIED, W.: Führer durch Kleinwelka und Ortsteile

Bekenntnis zu Jesus Christus nach dem Johannes-Evangelium. Ausgewählte Zeugnisse von Zinzendorf. Mit einer Einleitung von ERICH BEYREUTHER, Wuppertal 1963, 93 S.

BOURQUIN, WALTHER: Bruder Mensch. 41 Jahre Herrnhuter Mission in Südafrika 1908–1959

DEGN, CHRISTIAN: Die Schimmelmanns im atlantischen Dreieckshandel. Gewinn und Gewissen. 600 Seiten mit 120 Abbildungen und 15 Farbtafeln. 1975

HICKEL, HELMUT: Sammlung und Sendung. Die Brüdergemeine gestern und heute. Mit zahlreichen Abbildungen. 1972[3]

JANNASCH, HANS WINDEKILDE: Unter Hottentotten und Eskimos. Das Leben meines Vaters Hermann Jannasch. 1968[2]

ders., Erziehung zur Freiheit. Ein Lebensbericht. 2. Auflage von „Pädagogische Existenz“. Göttingen 1970. 364 Seiten

ders., Spätlese. Begegnungen mit Zeitgenossen. 115 Seiten. 1974

KRAUSE, WERNER: Meine Brüder – Die Indianer. Eine Erzählung um David Zeisberger, den Apostel der Indianer. 245 Seiten

KRÜGER, BERNHARD: The Pear Tree Blossoms. The History of the Moravian Church in South Africa 1737–1869. Mit zahlreichen Abbildungen

KURZ, CARL H.: Nicolaus Ludwig Zinzendorf. Bruder unter Brüdern. Eine Kurzbiographie

MÄLZER, GOTTFRIED: Bengel und Zinzendorf. Zur Biographie und Theologie J.A. Bengels. Witten 1968. 171 S.

MEYER, GERHARD: Johann Conrad Weiz. Ein Beitrag Herrnhuts zum schwäbischen Pietismus des 19. Jahrhunderts. Wuppertal 1962. 168 S.

MEYER, MAX: Berufen zur Verkündigung. Ein Herrnhuter Beitrag aus Peilau, Gnadenfrei, Niesky und Gnadenfeld zur Geistes- und Kulturgeschichte Schlesiens. München 1961. 192 S. mit Abbildungen

MOTEL, HANS-BEAT: Glieder an einem Leib. Freikirchen in Selbstdarstellungen. 1975

Nikolaus Ludwig von Zinzendorf: Herz und Herz vereint zusammen. Gebete des Grafen Zinzendorf. Hg. von W. LUDWIG

PHILIPP, GUNTRAM: Die Wirksamkeit der Herrnhuter Brüdergemeine unter den Esten und Letten zur Zeit der Bauernbefreiung. Köln/Wien 1974. 470 S.

REICHEL, GERHARD: August Gottlieb Spangenberg. Bischof der Brüderkirche. Tübingen 1905, 291 S.

RENKEWITZ, HEINZ (Hg.): Die Brüder-Unität. Stuttgart 1967. 288 S. (Die Kirchen der Welt. 5)

Nikolaus Ludwig von Zinzendorf: Texte zur Mission. Hg. von HELMUT BINTZ. Hamburg 1979. 120 S.

BECK, HARTMUT: Brüder in vielen Völkern. 250 Jahre Mission der Brüdergemeine. Erlangen 1981. 120 S.

ZIMMERLING, PETER: Pioniere der Mission im älteren Pietismus. Gießen/Basel 1985. 58 S.

Ders.: Starke fromme Frauen. Begegnungen mit Erdmuthe von Zinzendorf u. a. Gießen 1999³. 175 S.

JUNG, MARTIN H.: Frauen des Pietismus. Zehn Porträts von Johanna Regina Bengel bis Erdmuthe Dorothea von Zinzendorf. Gütersloh 1998. 158 S.

4. *Würdigungen und Charakteristiken*

MÜLLER, JOSEPH TH.: Zinzendorf als Erneuerer der alten Brüderkirche. Festschrift. Leipzig 1900. 118 S.

SCHMIDT, THEODOR: Zinzendorfs soziale Stellung und ihr Einfluß auf seinen Charakter und sein Lebenswerk. Basel 1900. 108 S.

PFISTER, OSKAR: Die Frömmigkeit des Grafen Ludwig von Zinzendorf. Ein psychoanalytischer Beitrag zur Kenntnis der religiösen Sublimierungsprozesse und zur Erklärung des Pietismus. Wien 1910. VI, 122 S. (Schriften zur angewandten Seelenkunde. 8) – 2. verb. Aufl. m. d. Untertitel: Eine psychoanalytische Studie. 1925. XXXVI, 132 S.

REICHEL, GERHARD: Zinzendorfs Frömmigkeit im Licht der Psychoanalyse. Eine kritische Prüfung des Buchs von Dr. Oskar Pfister: „Die Frömmigkeit des Grafen Ludwig von Zinzendorf" und ein

Beitrag zum Verständnis der extravaganten Lehrweise Zinzendorfs. Tübingen 1911. 192 S.
MEYER, GERHARD: Zinzendorf. (Vortrag.) Hamburg 1950. 16 S.
MEYER, GERHARD: Zinzendorf als Vertreter des ostdeutsch-schlesischen Frömmigkeitstypus. In: Jahrbuch der Schlesischen Friedrich-Wilhelms Universität zu Breslau 5 (1960), S. 69–96
STING, ALBERT: Graf Nikolaus Ludwig von Zinzendorf. Eine erbcharakterologische Studie. Diss. Tübingen 1960. 172 BII. [Masch.]

5. *Untersuchungen zur Theologie und Weltanschauung*

Wesentliche Beiträge in:

Zeitschrift für Brüdergeschichte. Hg. von JOSEPH TH. MÜLLER und GERHARD REICHEL; [ab Jg. 4:] in Verbindung mit GERHARD REICHEL und WALTER E. SCHMIDT hg. von JOSEPH TH. MÜLLER. Jg. 1–14. Herrnhut 1907–1920
PLITT, HERMANN: Zinzendorfs Theologie. 3 Bde. Gotha 1869–1874. 649; 560; 249 S.
BECKER, BERNHARD: Zinzendorf im Verhältnis zu Philosophie und Kirchentum seiner Zeit. Geschicht. Stud. Leipzig 1886. 580 S.
KÖLBING, PAUL: Zur Charakteristik der Theologie Zinzendorfs. Vortrag. In: Zeitschrift für Theologie und Kirche 10 (1900), S. 245–283
STEINECKE, O.: Zinzendorf und der Katholizismus. Ein Beitrag zum Verständnis Zinzendorfs. Halle 1902. IV, 91 S.
UTTENDÖRFER, OTTO: Zinzendorf und die Frauen. Kirchliche Frauenrechte vor 200 Jahren. Herrnhut 1919. 71 S.
SINNING, WALDEMAR: Zinzendorf als Prediger. Diss. Münster 1926. 32 S. [Teildruck]
UTTENDÖRFER, OTTO: Zinzendorfs Weltbetrachtung. Eine systematische Darstellung der Gedankenwelt des Begründers der Brüdergemeine. Fünf Vorträge. Berlin 1929. 352 S. (Bücher der Brüder. 6)
UTTENDÖRFER, OTTO: Zinzendorfs Gedanken über den Gottesdienst. Herrnhut 1931. 79 S.
RENKEWITZ, HEINZ: Luther und Zinzendorf. Neue Kirchliche Zeitschrift 43 (1932), S. 156–179

RAILLARD, H.: Die Stellung der Moral im Leben des Christen nach Zinzendorf. In: Zeitschrift für Theologie und Kirche NF. 14 (1953), S. 236–256

HUOBER, HANS-GÜNTHER: Zinzendorfs Kirchenliederdichtung. Untersuchung über das Verhältnis von Erlebnis und Sprachform. Berlin 1934. 86 S. (Germanische Studien. 150)

BETTERMANN, WILHELM: Theologie und Sprache bei Zinzendorf. Gotha 1935. IX, 249 S.

UTTENDÖRFER, OTTO: Zinzendorfs religiöse Grundgedanken. Herrnhut 1935. 315 S.

EBERHARD, SAMUEL: Kreuzes-Theologie. Das reformatorische Anliegen in Zinzendorfs Verkündigung. München 1937. XII, 226 S.

HENING, LIEMAR: Kirche und Offenbarung bei Zinzendorf. Ein Beitrag zum Verhältnis von Pietismus und Aufklärung. Diss. Zürich 1939. VIII, 192 S.

UTTENDÖRFER, OTTO: Zinzendorfs christliches Lebensideal. Gnadau 1940. 416 S.

MOTEL, HEINZ: Zinzendorf als ökumenischer Theologe. Diss. Basel 1942. 140 S.

HÖK, GÖSTA: Zinzendorfs Begriff der Religion. Uppsala, Leipzig 1948. XII, 221 S. (Uppsala Universitets årsskrift, 1948, 6)

Vgl. dazu: PETER BRUNNER, Zinzendorfs Spiritualismus. In: Theologische Literaturzeitung 74 (1949), Sp. 469–476; und HEINZ RENKEWITZ, War Zinzendorf ein Spiritualist? Zur neuen Zinzendorf-Forschung. In: Evangelische Theologie 9 (1949/50), S. 529–558

MOTEL, HEINZ: Zinzendorfs Beitrag zur oekumenischen Frage. In: Evangelisches Missions-Magazin NF. 93 (1949), S. 71–80; 99–111

BLANKE, FRITZ: Zinzendorf und die Einheit der Kinder Gottes. Basel 1950. 64 S.

MOTEL, HEINZ: Zinzendorfs Stellung zur Heiligen Schrift. In Evangelische Missions-Zeitschrift 7 (1950), S. 65–73

UTTENDÖRFER, OTTO: Zinzendorf und die Mystik. Berlin 1950. 428 S.

Zinzendorf-Gedenkbuch. Hg. von ERNST BENZ und HEINZ RENKEWITZ. Stuttgart 1951. 202 S., Abb.

AALEN, LEIV: Den unge Zinzendorfs Teologi. Oslo 1952. 366 S.

NIELSEN, SIGURD: Der Toleranzgedanke bei Zinzendorf. (Intoleranz und Toleranz bei Zinzendorf.) 3 Teile. Hamburg 1952–1960. 330 S.

GÄRTNER, FRIEDRICH: Karl Barth und Zinzendorf, Die bleibende Bedeutung Zinzendorfs auf Grund der Beurteilung des Pietismus durch Karl Barth. München 1953. 52 S. (Theologische Existenz heute. NF. 40)

BEYREUTHER, ERICH: Zinzendorf und Pierre Bayle. Ein Beitrag zur Frage des Verhältnisses Zinzendorfs zur Aufklärung. Hamburg 1955. 36 S. (Herrnhuter Hefte. 8) – Gekürzter Wiederabdruck in: Beyreuther, Studien zur Theologie Zinzendorfs. 1962. S. 201–234

AALEN, LEIV: Die Theologie des Grafen von Zinzendorf. Ein Beitrag zur „Dogmengeschichte des Protestantismus". In: Gedenkschrift für Werner Elert. Beiträge zur historischen und systematischen Theologie. Hg. von FRIEDRICH HÜBNER in Verb. mit WILHELM MAURER und ERNST KINDER. Berlin 1955. S. 220–240

AALEN, LEIV: Kirche und Mission bei Zinzendorf. Aus den Geburtswehen der evangelischen Weltmission. In: Lutherische Rundschau 5(1955/56), S. 267–281

MOTEL, HEINZ: Grundsätzliche Äußerungen Zinzendorfs zu Missionsfragen. In: Evangelische Missions-Zeitschrift 13 (1956), S. 166–177

HICKEL, HELMUT: Das Abendmahl zu Zinzendorfs Zeiten. Hamburg 1956. 39 S. (Herrnhuter Hefte. 9)

GÄRTNER, FRIEDRICH: Die Gemeinde zwischen Religion und Atheismus. (Zinzendorf und der Atheismus.) Hamburg 1956. 27 S. (Herrnhuter Hefte. 10)

RISSANEN, EETU: Kristillinen Palvelu N. L. von Zinzendorfin teologiassa. Zusammenfassung: Der christliche Dienst in der Theologie N. L. von Zinzendorfs. Diss. Helsinki 1959. 230 S.

BAUMGART, PETER: Zinzendorf als Wegbereiter historischen Denkens. Lübeck, Hamburg 1960. 91 S. (Historische Studien. 381)

SCHUSTER, KURT: Gruppe, Gemeinschaft, Kirche. Gruppenbildung bei Zinzendorf. München 1960. 55 S. (Theologische Existenz heute. NF. 85)

BEYREUTHER, ERICH: Lostheorie und Lospraxis bei Zinzendorf. In: Zeitschrift für Kirchengeschichte 71 (1960), S. 262–286 – Wiederabdruck in: Beyreuther, Studien zur Theologie Zinzendorfs. 1962. S. 109–139

BEYREUTHER, ERICH: Mission und Kirche in der Theologie Zinzendorfs. In: Evangelische Missions-Zeitschrift 17 (1960), S. 65–76; 97–113 – Wiederabdruck in: Beyreuther, Studien zur Theologie Zinzendorfs. 1962. S. 140–171

BEYREUTHER, ERICH: Zinzendorf und Luther. In: Luther-Jahrbuch 28 (1961), S. 1–12 – Wiederabdruck in: Beyreuther, Studien zur Theologie Zinzendorfs. 1962. S. 235–247

BEYREUTHER, ERICH: Christozentrismus und Trinitätsauffassung bei Zinzendorf. In: Evangelische Theologie 21 (1961), S. 28–47 – Wiederabdruck in: ders., Studien zur Theologie Zinzendorfs. 1962. S. 9–34

BAYER, SIEGFRIED: Nikolaus Ludwig Graf von Zinzendorf. Ein echter Ökumeniker im 18. Jahrhundert. In: Ökumenische Profile. Brückenbauer der einen Kirche. Hg. von GÜNTHER GLOEDE. Bd. 1. Stuttgart 1961. S. 119–128.

Zinzendorf-Gedenkjahr 1960. Eine Sammlung von Vorträgen. Hamburg 1961. 104 S. (Herrnhuter Hefte. 16)

BEYREUTHER, ERICH: Studien zur Theologie Zinzendorfs. Gesammelte Aufsätze. Neukirchen-Vluyn 1962. 279 S.

BEYREUTHER, ERICH: Zinzendorf und der deutsche Osten. In: Jahrbuch der Schlesischen Friedrich-Wilhelms-Universität zu Breslau 7 (1962), S. 130–151

LEWIS, ARTHUR JAMES: Zinzendorf, the ecumenical pioneer. A study in the Moravian contribution to Christian mission and unity. London, Philadelphia 1962. 208 S.

BEYREUTHER, ERICH: Zinzendorf und das Judentum. In: Judaica 19 (1963), S. 193–246

UTTENDÖRFER, OTTO: Das Erziehungswesen Zinzendorfs und der Brüdergemeine in seinen Anfängen. Berlin 1912. X, 271 S. (Monumenta Germaniae paedagogica. 51)

UTTENDÖRFER, OTTO: Zinzendorf und die Jugend. Die Erziehungsgrundsätze Zinzendorfs und der Brüdergemeine. Berlin 1923. 200 S. (Bücher der Brüder. 2)

RANFT, RUTH: Das Pädagogische im Leben und Werk des Grafen Ludwig v. Zinzendorf. Weinheim/Bergstr. 1958. 94 S. (Göttinger Studien zur Pädagogik. NF. 3)

TANNER, FRITZ: Die Eheauffassung Zinzendorfs und der Brüdergemeine. In: Tanner, Die Ehe im Pietismus. Zürich 1952. S. 90–179

BEYREUTHER, ERICH: Ehe-Religion und Eschaton bei Zinzendorf. In: Kerygma und Dogma 6 (1960), S. 276–305 – Wiederabdruck in: Beyreuther, Studien zur Theologie Zinzendorfs. 1962. S. 35–73

BEYREUTHER, GOTTFRIED: Die Stellung von Graf Zinzendorf und der Brüdergemeine zur Sexualität. In: Beyreuther, Sexualtheorien im Pietismus. Diss. München 1963. S. 30–66

AALEN, LEIV: Die Theologie des jungen Zinzendorf. Berlin 1966. 416 S.

ADLER, JOH.. (Hg.): Herrnhut – Ursprung und Auftrag. Bildband. Berlin 1972. 132 S.

MEYER, DIETER: Der Christozentrismus des späten Zinzendorf. Eine Studie zu dem Begriff „täglicher Umgang mit dem Heiland". Bern 1973. 396 S.

RUH, HANS: Die christologische Bedeutung des 1. Artikels bei Zinzendorf. Zürich 1963. 291 S.

WEITACH, THEODOR: Kirche bei Zinzendorf. Wuppertal 1971. 240 S.

WOLLSTADT, HANNS-JOACHIM: Geordnetes Dienen in der christlichen Gemeinde, dargestellt an den Lebensformen der Herrnhuter Brüdergemeine in ihren Anfängen. Göttingen 1966. 379 S.

REICHEL, JÖRN: Dichtungstheorie und Sprache bei Zinzendorf. Der 12. Anhang zum Herrnhuter Gesangbuch. Bad Homburg 1969. 114 S.

RENKEWITZ, HEINZ: Die Losungen. Entstehung und Geschichte eines Andachtsbuchs. Hamburg 1953. 93 S.

Unitas Fratrum – Herrnhuter Studien. 18 Beiträge in deutscher und englischer Sprache zur Geschichte der Brüder-Unität. Herausgegeben 1975 vom Reichsarchiv in Utrecht. Illustriert. 350 Seiten

ERBE, HANS-WALTER: Die Herrnhaag-Kantate von 1739. Ihre Geschichte und ihr Komponist Philipp Heinrich Molther. Hamburg 1982. 175 S. (Beiheft Nr. 5 der Zeitschrift „Unitas Fratrum")

Ders.: Herrnhaag. Eine religiöse Kommunität im 18. Jahrhundert, in: Unitas Fratrum. Heft 23/24. Hamburg 1988. 222 S.

MEYER, MATTHIAS: Feuerbach und Zinzendorf. Lutherus redivivus und die Selbstauflösung der Religionskritik. Hildesheim 1992. 242 S.

GERLAND, MANFRED: Wesentliche Vereinigung. Untersuchungen zum Abendmahlsverständnis Zinzendorfs. Hildesheim 1992. 186 S.

FREEMAN, ARTHUR J.: An Ecumenical Theology of the Heart. The Theology of Count Nicholas Ludwig von Zinzendorf. Bethlehem/Pa. 1998. 346 S.

ZIMMERLING, PETER: Gott in Gemeinschaft. Zinzendorfs Trinitätslehre. Gießen 1991. 383 S.

Ders.: Nikolaus Ludwig Graf von Zinzendorf und die Herrnhuter Brüdergemeine. Geschichte, Spiritualität und Theologie. Holzgerlingen 1999. 206 S.

Namenregister

Michael Welte (Hrsg.)

August Hermann Francke
Segensvolle Fußstapfen

Geschichte der Entstehung der Halleschen Anstalten
von August Hermann Francke selbst erzählt

544 Seiten. Paperback
Bestell-Nr. 3-7655-9601-9

Mit den „Segensvollen Fußstapfen“ August Hermann Franckes (1663–1727) wird eine in ihrer Zeit weit verbreitete, in unserer Zeit eher in Vergessenheit geratene Schrift zum ersten Mal wieder zugänglich gemacht.

Es ist die Geschichte der Entstehung und Verwirklichung eines großen Lebenswerkes. Der Leser wird Zeuge, wie sich in wenigen Jahren aus den bescheidenen Anfängen einer kleinen Armenschule vor den Toren der Stadt Halle a.d. Saale die weltbekannte Franckeschen Stiftungen entwickeln.

Eine Einführung, Faksimileseiten der Originalausgabe, Bibelstellen-, Sach-, Orts- und Personenregister sowie Glossar, Zeittafel und Nachwort dienen der Erschließung dieses Werkes.

BRUNNEN VERLAG GIESSEN